中华优秀传统文化融入大学生德育教育研究

ZHONGHUA YOUXIU CHUANTONG WENHUA RONGRU DAXUESHENG DEYU JIAOYU YANJIU

王宇 著

人民出版社

前　言

党的十九届六中全会决议指出，要坚持以社会主义核心价值观引领文化建设，注重用社会主义先进文化、革命文化、中华优秀传统文化培根铸魂。强调中华优秀传统文化是中华民族的突出优势，是我们在世界文化激荡中站稳脚跟的根基，必须结合新的时代条件传承和弘扬好。

一个民族的存在和发展离不开其所处的文化环境，文化是其心灵深处的精神家园。中华传统文化源远流长，博大精深，历经数千年发展而绵延不绝，是中华民族旺盛生命力的内在动力。近年来，虽然不少高校已经开设了中华传统文化与德育教育的研究与教学工作，但这一研究方向要求研究者在中华传统文化和德育教育领域均有一定的学术功底。目前，我国相关研究者很难完全满足这一要求，这一定程度上也影响了研究成果的数量与质量。

当前大学生接受新知识和新事物很快，他们有朝气、有理想、有追求，他们有时候更倾向快餐化的信息和碎片化的知识，容易受到不良文化的影响。一些大学生出现了理想信念迷茫、诚信意识淡漠、学习劲头不足、社会责任感不足等苗头性问题。大学生是国家与民族发展和进步的生力军，他们既是先进文化的吸收者，也是中国未来的建设者。大学生对中华优秀传统文化的传承、认同与自觉，不仅关系着我国的兴旺发达，同时也关系着中华优秀传统文化的传承、创新和发展。发挥中华优秀传统文化在实现中华民族伟大复兴“中国梦”中的作用，就要充分认识到中华优秀传统文化在高校大学生德育教育中的重要性，增强高校教育工作者和大学生的文化自觉和文化自信。

通过对大学生进行系统的传统文化教育，丰富大学生的精神修养，提升大学生的精神境界，规范大学生的思想品德，使大学生对自己、对社会都具有高度的责任感，在学习和生活中建立起关心人、爱护人、尊重人的协调有序的人际关系，树立“格物、致知、诚意、正心、修身、齐家、治国、平天下”的远大理想，培养大学生的爱国情怀和“为天地立心，为生民立命”的忧国忧民思想，提高大学生的礼仪修养，培养大学生积极乐观、勇于担当、敢为天下先的充实和向上的人生态度。

本书对高校德育教育引入中华优秀传统文化的教育进行研究。在明确当前高校德育教育的基础之上，以引入传统教育为研究起点，进而详细分析目前背景下高校德育教育的内容，引入传统文化创新的相关研究，对新时期高校德育创新、中华优秀传统文化在大学生德育教育中的科学应用、中华优秀传统文化融入高校德育的条件保障、中华优秀传统文化与德育教育相融合的原则与路径等几个方面进行深入的探讨。

希望本书所研究的课题能够为高校德育教育引入传统文化提供一些具有操作性和实践性的建议。

目录

contens

第一章　中华优秀传统文化概述

第一节　中华优秀传统文化

一、文化

文化是一种包含精神价值和生活方式的生态共同体，通过积累和引导来创建集体人格。文化是一种社会现象，表现为物质和精神两个方面，其范围不仅包括世界观、人生观和价值观，还包括风土人情、传统习俗、思维方式和生活方式等内容。

文化是人类全部精神活动及其产品的总称，是人类特有的现象。文化是民族时代发展的产物，是人类精神在人类历史进程中的继承和发展的结晶，即有了人类社会才有文化，文化是人类社会活动和社会实践的产物。

二、传统文化

传统文化是由文明演化而汇集成的一种反映民族特质和风貌的民族文化，是一个民族历史上各种思想文化、观念形态的总体表征。概括而言，传统文化就是通过不同的文化形态来表达的各种民族文明、风俗与精神的总称。

简单地说，文化包括两个方面：一方面是人类的物质生活；另一方面是人类的精神生活。传统文化的内容丰富多彩，有多种分类的方法：从时间上划分，传统文化有古代文化和现代文化等；从空间上划分，传统文化有东方文化和西方文化等；从社会意义上划分，传统文化有民间文化和边缘文化等；从功能上划分，传统文化有礼仪文化和校园文化等。

三、中华传统文化

中华传统文化是指居住在中国地域内的中华民族及其祖先所创造的，为中华民族世世代代所继承发展的，具有鲜明民族特色的，历史悠久、博大精深、传统优良的文化。中华传统文化也称华夏文化，是中华儿女五千年集体智慧的结晶。

中华传统文化以老子的道家文化和孔子的儒家文化为主体，其内容涉及政治、经济、思想、艺术等各类物质文化和非物质文化。随着社会的进步和人们生活水平的提高，中华传统文化不断发展，逐渐产生出多种表现形式，这些表现形式源于生活，又融入生活，提炼出来的思想又指导着我们的生活实践，服务于社会。

中华传统文化的内容非常丰富，多年来，研究传统文化的学者们对其内容不断总结归纳，其分类的方式也各有不同，各有特点，没有一个固定的标准。但总结起来，中华传统文化的内容大体包括如下内容。

（一）诸子百家

诸子百家，是对春秋战国时期发展起来的学术派别的总体概括。诸子百家内容丰富，通称为“百家”，实际有上千家，但影响最深、公认的最主要的流派也就十几家，分别是儒家、道家、墨家、法家、名家、阴阳家、纵横家、兵家、医家等。中国有数千年文字可考的历史，中华民族所创造的灿烂的文化艺术记载于丰富的文化典籍之中，其内容具有鲜明的特色。

在春秋战国时期，各种思想学术流派的成就与同期古希腊文明交相辉映，以孔子、老子、墨子为代表的三大哲学体系，形成诸子百家争鸣的繁荣局面。

1. 儒家

儒家由中国古代思想家、教育家孔子创立，后来由孟子继承，荀子收集和整理其内容，经过不断创新和发展，逐渐形成了对本民族乃至其他国家和地区影响深远的文化主流思想和体系。儒家思想以忠、仁、恕、诚、孝为核心价值，注重个人的品德修养，认为仁与礼相辅相成，重视家族伦理，提倡教化和仁政，强调内圣外王、以天下为己任的责任意识，强调修身、齐家、治国、平天下的远大志向，力图重建礼乐秩序，移风易俗，保国安民，富于入世理想与人文主义精神。

“仁”是儒家德育思想的核心，儒家认为“仁”是每一个人最基本的道德品质和道德规范，强调通过克己复礼达到仁的境界。“义”是高尚人格的体现，是君子、圣贤必须具备的道德规范和道德准则。儒家主张“修己”，即不断修正自己的错误和不好的思想，来提高自身的道德修养。儒家的主要思想是仁、义、礼、智、信，代表人物有孔子、孟子、荀子、程颐、朱熹等，主要著作包括《诗经》《尚书》《仪礼》《乐经》《周易》《春秋》《中庸》《大学》《孟子》《论语》《周礼》《礼记》等。

2. 道家

春秋时期，老子集古代诸多大贤的集体智慧，总结了古老道家思想的精华，以大道为中心，以无为而治为理论，经过不断发展形成了道家思想的完整体系，这不仅促进了国人良好思想修养的养成，也极大地丰富了中华优秀传统文化的内容，同时对中华哲学、文学、科技、艺术、音乐、养生等也产生了深远影响。道家思想以“道”为核心，认为大道无为，主张道法自然，提出道生法和刚柔并济等政治、经济、治国、军事策略，具有朴素的辩证法思想。道家认为，世界上所有的事物都可以分成两个相对的方面，任何事物都是普遍联系的，这是事物二元对立的普遍存在方式；道家还认为，所有事物二元对立的同时，还要根据条件向对面转化，任何事物都是暂时的，会发生变化的，周而复始循环和发展的。道家是诸子百家中一个极为重要的流派，存在于中华文化领域，对中国乃至世界的文化都产生了巨大的影响。代表人物有老子、庄子、列子等，代表作有《道德经》《道家易》《庄子》《文子》《六韬》《易传》《击壤歌》《金人铭》等。

3. 墨家

墨家是东周时期的哲学派别，诸子百家之一，在先秦时期影响很大，与孔子所代表的儒家、老子所代表的道家构成了中国古代三大家。墨家和儒家有很多相通之处，墨学和儒学同被人们称为“显学”；也有人认为墨家是道家的分支，深受道家影响。墨家学派有前、后期之分，前期思想主要涉及社会政治、伦理及认识论问题，关注现世战乱；后期墨家在逻辑学方面有重要贡献，开始向科学研究领域靠近，在数学和物理学方面也有很多成果。墨家的主要思想主张是：人与人之间平等地相爱，推崇节约、反对铺张浪费，重视继承前人的文化财富，掌握自然规律等。代表人物有墨子等，代表作有《墨子》等。

4. 法家

法家是中国历史上将法治作为核心思想的重要学派。法家强调以法制来治理国家。用法制治理国家的前提是国家强盛，拥有实力雄厚的军队，因此法家重视军队建设和集权统治，即从氏族贵族的统治过渡到新兴地主阶级的统治。法家不只是从纯理论方面进行研究，它还强调积极入世，其思想着眼于法律的功能和效果。法家思想包括伦理思想、社会发展思想、政治思想以及法治思想等诸多方面。代表人物有管仲、子产、李悝、吴起、商鞅等，代表作有《管子》《韩非子》等。

5. 名家

名家是中国历史上以思维形式、规律和名实关系为研究对象的哲学派别。名家注重思维的形式，注重对逻辑问题和规律的研究，善于使用逻辑原理来评价和分析事物；名家注重法律条文，注重名与实的关系，善于辩论，经常进行相关问题的学术交流；强调人与人之间的平等，认为事物之间都是普遍联系的，是一个矛盾的两个方面，认为任何事物和名称都是有差异的，都是互相独立的和相对稳定的，它们按照一定的规律发展和前进；名家主张和平。名家自成体系，在当时被称为“辩者”，其名与儒家和道家并列，是以辩论名实等思辨问题为中心，以善辩成名的一个学派。名家有“合同异”派、“离坚白”派等几个派别，代表人物有邓析、惠施、公孙龙、桓团等，代表作有《公孙龙子》等。

6. 纵横家

纵横家是战国时期产生的一个流派，“纵”意为合众弱者之力以攻强者，“横”意为以一强之力来攻击众弱者，后来，纵横家泛指那些凭借辩才与智谋开展游说的职业外交人员。纵横家以从事外交等政治活动为主，自成体系。纵横家中出现了很多难得的人才，他们经常对社会上的很多问题进行辩论和研究，因此纵横家多为策辩之士，可称为中华几千年历史中最早的政治家和外交家。纵横家的鼻祖是鬼谷子，以隐于鬼谷而得名，代表人物还有苏秦、张仪、乐毅、毛遂、蒯通等，代表作有《鬼谷子》《战国策》《苏子》《张子》等。

7. 兵家

兵家是中国先秦、汉初时期研究军事理论、从事军事活动的学派，其理论博大精深，对后世影响深远。兵家理论是一个内容非常丰富的军事理论体系，兵家非常重视用兵智慧，讲究作战谋略，强调天时、地利与人和，认为军队的战斗形势千变万化，没有固定的模式，但有一般的规律，即兵无定法。兵家形成了一整套系统的军事理论，这些军事理论总结了大量的军事活动实践，逐渐产生了一批系统研究军事方面的论著，从而形成了一种军事活动的学派。兵家的这些理论是中国古代军事思想的提炼和总结，是中华优秀传统文化的重要组成部分，其代表人物有孙武、孙膑、吴起等，代表作有《孙子兵法》等。

8. 医家

中国医学理论的形成非常早。资料记载，中国医学理论的形成可追溯到公元前 5 世纪下半叶，后来逐渐发展，其理论越来越成熟，到公元 3 世纪中叶已达到了很高水平。社会制度的变革促进了经济的发展，意识形态、科学文化领域出现了新的形势，其中包括医学的发展。医家泛指所有从医的人，代表人物有扁鹊、张仲景、华佗、孙思邈、李时珍等，代表作有《伤寒杂病论》《本草纲目》《诊籍》等。

（二）琴棋书画

中华传统文化离不开琴棋书画，在古代，它们是文人雅士必备的四种最基本的技能，被人们称为“四艺”，可以追溯到周朝贵族教育体系中规定的六种基本才能，即“礼、乐、射、御、书、数”。经过数千年的发展和演绎，琴棋书画逐渐成为“六艺”的代名词，成为中华传统文化的精髓之一，成为中国历代文人必备之修养。

琴的深沉、棋的奥深、书的神韵、画的意境，一直是人们特别是文人雅客抒发感情的依托。有人在三尺瑶琴直抒胸臆；有人在方寸之间决胜千里之外，指挥千军万马；有人在挥毫泼墨与粉墨丹青中感叹名山大川的雄伟。书画同源，诗画同理，琴舞一体，棋如人生。

（三）传统节日

传统节日是一种民间文化，这种文化主要体现在精神层面，是指一年中被赋予特殊社会文化意义并穿插于日常生活中的有代表性的日子，是人们丰富多彩生活的集中展现，是各地区、各民族政治、经济、文化、宗教等的总结和延伸。传统节日形式多样、内容丰富，在华人的生活中占据着重要位置，是中华民族凝聚一体的重要纽带，是中华优秀传统文化的一个重要组成部分。

中华传统节日具有三个最主要的特点：一是传统节日的饮食主要强调长寿，而且多样化；二是中华传统节日具有世俗性；三是中华传统节日有着强烈的集体主义色彩。

中国有各种各样的传统节日，其中含有各种礼仪和习俗。在近百种传统节日中，有的体现大自然的节气，有的强调天道的规律。由于民族和地域的不同，传统节日带有地方和民族的特色。中华民族传统节日有除夕、春节、元宵节、寒食节、清明节、春龙节、上巳节、端午节、七夕节、中秋节、重阳节、腊八节、小年等。

在二十四节气当中，也有个别既是节气也是中国传统节日，如清明、冬至等，这些节气中的节日也有很重要的传统文化习俗蕴含其中。

此外，中国各少数民族也都保留着自己的传统节日，如傣族的泼水节和彝族的火把节等，都深刻体现出不同民族丰富多彩的传统文化。

（四）中华诗词

中华诗词主要指传统诗词。中华民族是诗词非常丰富的民族，经过几千年的发展和传承，中华诗词已经形成了中华民族特有的文化表现形式。中华诗词深刻表现了中华民族精神，同时也体现了中华传统文化，成为融于中华民族思考、表达、教化、娱乐等诸多生活诉求的文明表现形式。中华诗词是中华文明和中华灿烂文化的重要载体，不仅深刻体现了厚德载物的哲学之道，也体现了同体大悲的人本之道；既有仁、义、礼、智、信的孔孟之道，也有内圣外王的阳明之道；既有万法本心的禅学之道，也有道法自然的理学之道。中华诗词中，诗包括古体诗和近体诗。古体诗，也称古诗、古风，由民歌发展而来，不求对仗、平仄，用韵自由；近体诗包括律诗和绝句，与古体诗相对，句数、字数、平仄、用韵都有严格的规定。词属于诗的一种韵文形式，由五言诗、七言诗或是民间歌谣发展而成，起于唐，盛于宋。

（五）中国戏剧

中国戏剧是中华传统文化中最具特色的内容之一，被称为国之精粹。中国戏剧的起源可以追溯到上古先秦时期，经历了漫长的发展演变，至宋元时期方有了成熟的剧本文学，南戏、杂剧、传奇乃至地方戏中都有许多经典作品出现。中国戏剧主要包括戏曲和话剧两部分内容，戏曲是中国传统戏种，有着其特有的表现内容和方式，经过长期演变和不断发展，逐步形成了以京剧、评剧、豫剧、越剧和黄梅戏等几大戏曲为核心的表现形式，这几种表现形式极大地丰富了中国戏剧的内容。需要说明的是，话剧不是中国产生的剧种，它是从西方引进并经过改良的戏剧形式，后来经过发展，慢慢形成了自己的特色形式。中国古典戏曲是中华传统文化的一个重要组成部分，其表演形式独特和丰富，为人们所喜爱。昆剧则采用昆腔这一单一声腔演故事的剧种，形成于明朝万历年间。其着重表达戏曲声腔时用昆山腔，表达乐曲尤其脱离舞台清唱时用昆曲。

（六）中国建筑

中国的建筑历史奇妙丰富，给人们留下了无数建筑史上的奇迹，也给人们留下了数不清的灿烂建筑文化。不同地域和民族，其建筑艺术风格各有差异，其传统建筑的组群布局、空间、结构、建筑材料及装饰艺术等方面也有着独特的风格。从时间上划分，中国建筑主要分为中国古建筑及中国近现代建筑；从类型上划分，中国建筑类型繁多，主要有宫殿、寺观、佛塔、民居和园林建筑等。

（七）中国汉语

汉语作为历史最长、发展最快、使用人数最多、表达内容最丰富的一种语言，是中国通用的语言，是中国人交流思想和感情的主要工具。经过几千年的发展和变化，中国汉语已经相当系统和规范。目前，世界上使用汉语的人数接近20亿，汉语被联合国确定为六种正式工作语言之一。中国汉语分为上古、中古、近代和现代几个部分：上古汉语指夏朝以前到晋朝的汉语，是中国汉语的“祖先”；中古汉语使用于南北朝、隋朝、唐朝和宋朝前期，后人把这个阶段的中国汉语称为“古代汉语”；近代汉语是古代汉语与现代汉语之间以早期白话文献为代表的汉语，现代汉语主要分为普通话和方言两种。

中国汉语不仅仅是一种工具，同时也体现了中华民族的心理和思维方法，是中华民族身份的重要标志，是中华优秀传统文化的一个缩影。中国汉语主要流通于中国和新加坡、马来西亚等东南亚国家以及美国、加拿大、澳大利亚、日本等国的汉族华人社区。中国汉语的内容主要包括汉语语音、汉语语法、汉语词汇和汉语学术研究等几个方面。中国汉语一般划分为多种方言，各方言根据区域划分可分成多种不同类型。汉语主要方言有官话、晋语、粤语、湘语、淮语、吴语、徽语、赣语、客家语、闽北语、闽南语、闽东语、莆仙话等。

（八）传统中医

中医是以中国汉族劳动人民创造的传统医学为主的医学，所以也称汉医。传统中医是中华传统文化中一颗耀眼的明珠，散发着璀璨的光芒。传统中医研究人体生理结构，从根本上研究人的疾病的发病理论，以便及时对疾病做出诊断和治疗，以其副作用小、疗效显著而受到人们的喜爱。

自从有了人类，就有了卫生保健运动。中医诞生于原始社会，其发展大体经过七个时期：第一个时期是萌芽和奠基时期，这个时期从远古到公元前 21 世纪，那时起，就出现了用植物药、动物药和矿物药等不同药物治病，又出现了针灸，包括针法和灸法，同时也出现了外治法治疗不同疾病；第二个时期从公元前 21 世纪到夏、商、周和春秋时期，在这个时期，固定病名出现，著有自然条件与人体关系的书籍《周礼》《礼记》问世，药物知识的积累、酒的应用以及汤液的制作对中医药制剂产生了深远的影响；第三个时期是公元前 475 年至公元 265 年，也就是战国时期到三国时期，这个时期出现了很多经典著作，《黄帝内经》《难经》《神农本草经》《伤寒杂病论》被称为四大医学经典，其中《黄帝内经》从理论上对以往的医学经验进行总结，标志着中医学基础理论得到初步奠定，《神农本草经》第一次从理论上阐述了我国药物学的知识，《伤寒杂病论》在临床上确立了辨证论治的基本法则；第四个时期是中医药学的全面发展时期，这个时期主要是从公元 265 年至 960 年，也就是西晋到五代时期，在这个时期，中医药学得到了全面的发展，有很多突出的成就和创新，医学理论逐渐成熟，中外医学的交流得到了很大的发展，临证医学有了显著的进展，主要著作有《脉经》《针灸甲乙经》《诸病源候论》等；第五个时期是中医药学的突出成就和创新时期，这个时期主要是从公元 960 年至 1368 年，即宋、元时期，在这个时期，医务设施有了很大的进步，医学理论得到了很大的丰富和创新，本草学得以快速发展，医学各科取得了很大的成就，大型医书《太平圣惠方》《圣济总录》等问世；第六个时期是医学进一步发展和稳定时期，这个时期是从公元 1369 年至 1840 年，也就是明朝和清朝，在这个时期，中医学的理论得到了更大的提高，药物学迅猛发展，人痘接种术开始成熟，临床各科飞速发展，西方医学在中国得到了广泛的传播，主要著作有《本草纲目》《串雅》等；第七个时期是近现代发展时期，主要是从 1840 年开始至今，在这个时期，西医大量传入，中国近代医学体系逐渐形成，近代中医药学得到了更快的发展。

（九）民间工艺

民间工艺是指用民间的生产技术加工出来的民间工艺品，是中华优秀传统文化的重要组成部分。民间工艺有内容的丰富性、形式的不确定性和工艺的独特性等特征，不仅体现中华传统文化的思想，而且发展出个人和当地经济的属性，是体现大众生活的民俗文化。典型的民间工艺有内画、风筝、编织、微雕、陶瓷、布艺、木艺、果核雕刻、刺绣、毛绒、皮影、泥塑、紫砂、蜡艺、文房四宝等。

（十）中华武术

中华武术是中华民族特有的文化项目，作为中华优秀传统文化的一颗璀璨明珠，它从人们的生活、生产实践中来，随着中华文明的发展而发展，在长期的实践中，逐渐形成中华武术的系统理论体系，成为中华民族的瑰宝。

早在原始社会，人类为了获取食物和抵御灾害，学会了拳打、脚踢等格斗技能以及搏击本领，因此，原始社会是武术文化的萌芽时期。中华武术在先秦和汉唐时期逐渐发展，在当时的社会形成了尚武强身之风气。中华武术的发展，不但是加强军事训练、保家卫国的需要，也是民间百姓强身健体的需要，被更多的人所接受。

（十一）地域文化

在中国，地域文化指中华大地特定区域的、历史久远的、有一定鲜明特色的并被当地人们所接受的一些传统文化。地域文化的形成原因有很多，主要是各地不同地理环境的差异和风俗习惯的差异形成的。地域文化不仅有不断发展的特性，也有相对稳定的特性，一方水土孕育一方文化，一方文化影响一方经济、造就一方社会。

在中华大地上，不同社会结构和发展水平的地域，其自然地理环境、资源风土、民俗风情习惯、政治经济情况等各不相同，从而孕育了不同特质、各具特色的地域文化。从中国区域上划分，地域文化包括中原文化、三秦文化、燕赵文化、中州文化、齐鲁文化、三晋文化、湖湘文化、徽文化、赣文化、闽文化等；从地域文化的内容上划分，地域文化包括方言文化、饮食文化、民间信仰、民间建筑等。

（十二）中华民族服饰

中华民族服饰是指中华各民族所特有的具有鲜明特色的服饰，包括汉族及各少数民族具有代表性的服饰。中华民族服饰异彩纷呈、绚丽丰富，体现着中华各民族不能割舍的文化交融，彰显着共同血脉的连接，人们从穿着这一层面构筑了中华民族服饰的总体面貌。汉民族传统服饰，简称“汉服”，汉服历史悠久，款式众多，主要分为常服和礼服，历朝历代皆有自己的特点，很多国家的服饰都借鉴了汉服的特点。民族服饰文化内涵丰富，包括服饰的原料、制作工艺、色彩等因素。民族服饰的多样化，充分体现了中华民族文化、经济、政治、军事等方面的繁荣和强大。

（十三）中华饮食文化

中华饮食文化是一种视野广阔、层次繁多、角度复杂、品位高雅的区域文化，是中华优秀传统文化的重要内容，是中华各族人民在多年的生产和生活实践中，从食源原料、食具材质、营养保健和饮食审美等方面创造和积累的丰富的物质和精神财富。中华饮食文化以其在饮食生活中的形式体现了中华文化包容性、重伦理、求境界的特征。中华的饮食文化对世界饮食文化产生了深刻的影响，得到了世人的称赞。中华饮食的主要特色是风味多样、四季有别、色彩绚丽、香味四溢、质朴美感，注重情趣和食医的完美结合，深刻体现了中华饮食文化的尚美特色，塑造了中华饮食鲜美的口感、芳香的气味、亮丽的色泽、动感的造型、精美的器具和优美的环境等不可多得的文化传统。中华饮食还体现了饮食文化中的善德境界，饮食产品的外在美、内在美和感性美能够陶冶性情、修养心性、颐养心性。

早在商周时期，中国的膳食文化就已具雏形。再到春秋战国的齐桓公时期，饮食文化中南北菜肴风味表现出差异。到唐、宋时，南食、北食各自形成体系；到清代初期时，鲁菜、川菜、粤菜、苏菜成为当时颇有影响的地方菜，被称作“四大菜系”。到清末时，浙菜、闽菜、湘菜、徽菜四大新地方菜系分化形成，共同构成中国传统饮食的“八大菜系”。除八大菜系外，还有一些在中国较有影响的细分菜系，如潮州菜、东北菜、本帮菜、赣菜、楚菜、京菜、津菜、冀菜、豫菜以及客家菜等。

（十四）中华传统音乐

中华传统音乐指的是中华各民族劳动人民在漫长的历史发展和社会实践中，通过对生活环境的感悟和理解，创造出来的以声音为元素的具有民族和地域文化特色的文化作品。中华传统音乐丰富多彩、种类繁多，既有传唱千年的音乐精品，也有具备现代音乐特色的时代作品，为人民所热爱。传统音乐是我国民族音乐中一个极为重要的组成部分，传统音乐与新音乐的区别并不在于创作时间的先后，而在于其表现形式及风格特征。如二胡独奏曲《二泉映月》、古筝曲《渔舟唱晚》虽是近代音乐作品，但其表演形式与中国古代音乐的表现形式有相同之处，有中华民族固有的特点和风格，也称其为传统音乐。

传统音乐分为五大类：歌曲、歌舞音乐、说唱音乐、戏曲和器乐。中华传统音乐是中华民族劳动人民留给世界的无价瑰宝，对于推动人类文明发展，丰富人类的生活起到了不可替代的作用。

第二节　中华传统文化的基本精神

钱穆先生在《中国文化精神》篇首便开宗明义：中国文化精神，应称为道德的精神。在《民族与文化》中，他又更为具体地提出：中国传统文化，彻头彻尾，乃是一种人道精神、道德精神。

中华传统文化的基本精神，是指在中华传统文化影响下，长期受到人们的尊崇、影响着人们的思维和行为方式，并在彼此之间不断凝聚和整合的思想观念，是指导中华民族长期发展，不断前进的精粹思想。

中华传统文化的基本精神是中华民族在几千年历史发展和文化继承中逐渐形成的、普遍遵从并被普遍认可的价值取向，是中华民族不断发展和前进的动力，是中华民族勇于战胜和克服一切困难的精神支柱和力量源泉。

中华传统文化的基本精神，主要可以概括为如下五个方面。

一、以人为本

以人为本的精神是一种以人为对象和中心的文化精神。以人为本，即要把人类的生存和需求作为出发点，与其他事物相比，人更重要，更根本。以人为本是万事万物的开端，在人类的活动中，始终强调人的重要性，强调人的物质和精神需求的合理性。

孔子一直主张以人为本的思想，他首先肯定人是宇宙中最高贵的物种，我是人，唯有人有“我”的自觉。孔子的思想中特别提出一个“仁”字，这奠定了人伦基础和道德规范，故曰“仁者人也”“仁者爱人”“克己复礼为仁”。

孔子言：“志士仁人，无求生以害仁，有杀身以成仁”“夫仁者，己欲立而立人，己欲达而达人”“己所不欲，勿施于人”，这里孔子将以人为本、自利利他作为基本的道德原则。孔子又强调“为仁由己”“仁远乎哉？我欲仁，斯仁至矣！”。

老子提出了“三生万物”思想，其本质含义就是“三才生万物”。“三才”指天、地、人。《易经》云：“是以立天之道，曰阴与阳；立地之道，曰柔与刚；立人之道，曰仁与义；兼三才而两之，故《易》六画而成卦。”意思是构成天、地、人的都是两种相互对立的因素，天、地、人由这些互相依存又互相对立的因素和合而成，缺一不可，而卦是《周易》中象征自然现象和人事变化的一系列符号，天道之性为阴阳，地道之性为柔刚，人道之性为仁义。

总之，中华文化一贯注重现世的人生，重视人的主观能动作用，突出人的核心地位，使中华传统文化表现出了充分的人文主义精神，把人的眼光拉向社会，从而走向更广阔的空间。

二、天人合一

《道德经》中说：“人法地，地法天，天法道，道法自然。”“天”代表“道”“真理”“法则”，“天人合一”就是与先天本性相合，回归大道，归根复命。“天人合一”不仅仅是一种思想，更是一种状态。“天人合一”的思想最早由道家思想家庄子提出，经过丰富和发展，逐渐成为中华传统文化的主体内容之一。宇宙自然是大天地，人则是一个小天地。人和自然在本质上是相通的，故一切人事均应顺乎自然规律，达到人与自然的和谐。

“天人合一说”是中华传统文化的基本精神，也是中国哲学最重要的基本思想。这一观点大致上可以分为五类学说：孔子的“天人一德说”、老子的“天人一体说”、孟子的“天人一性说”、董仲舒的“天人一类说”“二程”和朱熹的“天人一道说”。这些学说，既强调天是万物的起源，同时又强调人事的作用，从儒学多年的实践角度看，天人合一思想已融入人们的行为准则，并成为儒家学派解释历代制度的理论依据。

在中华传统文化的发展史上，很多经典都对“天人合一”有过详细的阐述，比如经学史上对于《周易·乾卦》卦辞“元、亨、利、贞”四个字的解释，就很好地体现了古人天人合一的思想。宋代理学家程颐指出：“乾，天也。……元亨利贞谓之四德。元者万物之始，亨者万物之长，利者万物之遂，贞者万物之成。”他把“元亨利贞”解释为一年四季春夏秋冬，这很符合天道运行的特点。而《周易》的《文言》则说："元者，善之长也。亨者，嘉之会也。利者，义之和也。贞者，事之干也。君子体仁，足以长人；嘉会，足以合礼；利物，足以和义；贞固，足以干事。君子行此四者，故曰：乾：元亨利贞。"这样又把"元亨利贞"解释为君子四德。

儒释道三家对"天人合一"的思想观念在"天人关系""顺从自然"和"天人协调"三个方面都有着相同的解读方式：都肯定人是自然不可分割的一部分，都强调人要遵循自然的规律和选择，都认为人的理想是天人的协调。

三、刚健勇猛、自强不息

《周易》中的《易传》象曰："天行健，君子以自强不息。"意为君子应该效法上天刚健、运转不息之品格，一个有理想的君子应该自强不息、进德修业、永远为自己所追求的目标而努力奋斗。天即自然，也就是规律，天的运动刚强劲健；相应地，君子处事，也应像天一样，力求自我进步，刚毅坚贞，不屈不挠，发奋图强，自强不息。

中华传统文化里一直贯穿着刚与柔的思想、动与静的思想、有为与无为的思想，这些思想相互对立又相辅相成，这些范畴的斗争与统一，一方面成就了中华传统文化的多姿多彩、丰富博大；另一方面也是中华民族奋发向上、蓬勃发展的动力和力量源泉。

孔子一生为国家和天下百姓不停奔波，是历史上难得的身体力行的思想家和教育家，他幻想以周礼匡扶乱世，"明知其不可为而为之”，结果是“发愤忘食，乐以忘忧，不知老之将至也”，为后人树立了光辉的典范。孔子的行为、思想、积极进取精神对中华民族的伟大历史产生了深远的影响，孔子的精神不断激励着后人奋发向上。同时，孟子也从自身的人格和修养出发，提出了“吾善养吾浩然之气”；荀子则从天人关系的角度提出“制天命而胜之”的著名论断。“天行健，君子以自强不息”的思想深入人心，其刚健、自强不息的观点，为全社会所接受。

四、崇德兴仁

“崇德兴仁”就是崇尚高尚的道德和仁爱的思想，是佛家的基本思想。佛家经典《佛说大乘无量寿庄严清净平等觉经》云：“佛所行处，国邑丘聚，靡不蒙化，天下和顺，日月清明，风雨以时，灾厉不起，国丰民安，兵戈无用，崇德兴仁，务修礼让，国无盗贼，无有怨枉，强不凌弱，各得其所”，描述了“崇德兴仁”能够使国家富裕，人民安乐，人们和睦相处，社会稳定和谐，风调雨顺，国家没有盗贼和冤假错案，没有欺行霸市和恃强凌弱的事情发生，大家都能得到各自所需。

“仁”是儒家思想的核心内容，也是孔子极力推行的重要思想，对中华传统文化的发展有着重要影响。两千多年来，“仁”的思想对中华民族的人伦准则和道德规范产生了重大影响。

“仁”的另外一种表达形式是“忠恕达人”。曾子曰：“夫子之道，忠恕而已矣。”（《论语·里仁》）“忠”，从字面看，心处于正中，不偏不倚，指尽己之力为人谋事，忠于职守。“恕”，从字面看，如同一心，待人如己，指根据自己内心的体验来推测别人的思想感受，将心比心，设身处地为他人着想，达到推己及人的目的。如何行“恕”？孔子曰：“其恕乎！己所不欲，勿施于人。”（《论语·卫灵公》）是说，自己不愿意的，不要强加给别人。如何做到“仁”？孔子指出：“夫仁者，己欲立而立人，己欲达而达人。”（《论语·雍也》）是说，至于仁人，要想自己站得住，也要帮助别人一同站得住；要想自己过得好，也要帮助别人一同过得好。如何做到“立人”和“达人”？曾子曰：“吾日三省吾身，与人谋而不忠乎？与朋友交而不信乎？传不习乎？”（《论语·学而》）立人先立己，达己而达人。“己所不欲，勿施于人”和“己欲立而立人，己欲达而达人”是对“忠恕”具体内涵和具体实施的最好解释。

孔子把“仁”作为最高的道德原则，他首次把整体的道德规范集于一体，形成了以“仁”为核心的伦理思想结构，包括孝、悌、忠、信、礼、义、廉、耻、仁、爱、和、平等内容。其中孝、悌是仁的基础，是仁学思想体系的基本支柱之一。他提出要为“仁”的实现而献身，即“杀身以成仁”的观点，该观点对后世产生了很大的影响。

“德”也是儒家的重要思想，有着丰富的内容。一般说来，“德”与“道”有着非常密切的关系，《道德经》云：“道生之，德畜之。”意思是说，道能生和繁衍万物，而德能畜养和滋润万物。子张问仁于孔子。孔子曰：“能行五者于天下为仁矣。”“请问之。”曰：“恭、宽、信、敏、惠。恭则不侮，宽则得众，信则人任焉，敏则有功，惠则足以使人。”（《论语·阳货》）这是孔子施行仁德的五种道德规范。孔子认为，个人能够身体力行这五种道德规范，就是仁人了；国家能够施行这五种道德规范，就是仁政了。

唐代魏征等著的《群书治要》中，提出了“偃武修文”的理念，同时又提出了“治国安邦”的思想，其中详细阐述了为政和崇德兴仁的思想，吸取了诸子百家中有关修身、齐家、治国、平天下的主要精神，遵从内圣外王之道，详细总结历代国家兴衰之根本原因，遵循古圣先王的统治之道，崇尚高尚的德行，以仁德治天下，顺天爱民。《群书治要·贾子》云：“爱出者爱返，福往者福来。”《群书治要·尚书》云：“弗务细行，终累大德。”深刻阐述了崇德的重要性，为个人修心修身和当今国家治理提供了重要启示。

五、崇尚礼治

中华传统文化始终体现着一种礼治精神。礼是中华民族一种独特的文化现象，也是中国社会不断发展的政治、经济、文化世代相承的存在状态。作为一种社会理想的礼治精神，其实质是强调人与人之间的和谐关系、社会与人之间的良好秩序。这种社会与人的有序或无序、和谐与不和谐，在儒家看来，就应是遵从一定的次序，表现为群臣有序、父子有序等。礼治精神作为传统文化的重要内容以及人与人之间关系的关键因素，吸引着很多学者去研究探讨。

礼治思想是儒家的主要学说之一。孔子主张“仁”，而“仁”与“礼”是一体的，孔子说：“人而不仁，如礼何？”孟子把礼治的思想进行了补充和发展，把仁、义、礼、智作为人们最基本的道德规范。荀子更重视礼的重要性，著书详细论述了礼的发展、起源、内涵、地位和作用，强调人无礼不生，事无礼不成，国无礼不宁。

孔子认为，讲究“礼”是治理国家的需要，是国家兴旺和发达的需要。孔子说：“为国以礼。”（《论语·先进》）认为用“礼”才能更好地治理国家，否则，礼仪就会失去应有的作用。“丘闻之，民之所由生，礼为大。非礼，无以节事天地之神也；非礼，无以辨君臣、上下、长幼之位也；非礼，无以别男女、父子、兄弟之亲，婚姻疏数之交也。”（《礼记·哀公问》）孔子又说：“礼，经国家、定社稷、序民人、利后嗣者也。”（《左传·隐公》）孔子又论述：“君君、臣臣、父父、子子。”公曰：“善哉！信如君不君、臣不臣、父不父、子不子，虽有粟，吾得而食诸?”（《论语·颜渊》）在这些论述里，孔子认为“君要合于君道、臣要合于臣道、父要合于父道、子要合于子道”，这是天之道、地之道和人之道，孔子的这些思想都是从不同的侧面阐述君臣之礼、父子之礼对于维系社会、维系纲常、维系家庭的重要作用。

一个礼仪之邦，不仅国家的发展需要礼，社会的安宁需要礼，同时也要求每个公民知礼守礼，礼是立身之本。孔子认为：“不知礼，无以立也。”（《论语·尧曰》）“君子博学于文，约之以礼，亦可以弗畔矣夫！”（《论语·雍也》）孔子还特别重视礼在个人修养方面的作用，所以，孔子要求其弟子做到“非礼勿视，非礼勿听，非礼勿言，非礼勿动”（《论语·颜渊》）。孔子不仅用礼教思想教育他的学生，也以礼严格约束自己，在日常生活中，他处处循礼而行，以礼来规范自己的行为，所以才真正达到“七十而从心所欲，不逾矩”（《论语·为政》）的境界。孔子认为，一个品德高尚的人必须具备德才兼备的思想素质，一个品德高尚的人不仅要博览群书，而且要非常明礼，以礼仪约束自己，提高自己的修养，只有这样才能坚守正道。

礼治作为人们行为的基本目标和规范，在对社会的和谐发展、稳定人与人之间的关系方面起着重大的作用。礼治精神规范了人们的思想和行为，不仅促进了社会的稳定和繁荣，也丰富了中华民族灿烂的文化，对社会管理实践和社会文明的发展都起到了重大的作用。

第三节　中华传统文化的基本特征

中华传统文化道德彰显人文精神，主要表现在如何处理人的精神家园的问题上，奉行道德至上，弘扬精神人格。中华传统文化包含着极其丰富的内容，就其最基本的特征来说，主要可以概括为如下六个方面。

一、整体性

中华传统文化的核心特征是其整体性。中国几千年的传统封建社会属于传统农业文明和自然经济社会，它要求通过群体的力量来实现民族的生存与发展。中华传统文化的优秀成果是站在国家整体的角度进行研究得出的，这是因为中华民族始终把群体利益置于个体利益之上。这种群体性精神不是强调确立个体独立人格，也不是强调个体心理特征和性格特点的充分发挥，而是强调一种人们应该具有的对别人、对社会的人伦义务。

中华传统文化博大精深，源远流长，只有在比较全面地了解中华文化各个门类的基础上，才有可能对其总体特征与实质获得较深入的理解。事实上，整体性把握文化，本身就是中华传统文化的基本精神之一。中华传统文化的整体性体现为注重以血缘、亲情为纽带的家庭关系，个体的生存和发展依赖于家庭、国家的生存和发展。中华传统文化的整体性对中华民族凝聚力的提升和统一国家的形成和发展起到了重要作用，并促成了中国整体主义和集体主义的形成与发展。

二、时代性

时代性是指优秀传统文化要与时代需要、时代发展相结合，从而让优秀传统文化焕发出新时代的魅力。中华传统文化会随着社会的发展而不断地发展和进步，因为文化的本质不是既成的事物而是变化的过程，多少年来，传统文化一直处于不断继承与不断变化的对立统一规律之中，呈螺旋式上升和波浪式前进的状态，旧的形式不断被新的形式所替代，但在新的形式中又包含着持久恒常的民族精神。

中华传统文化的时代性主要体现在内容的选择方面，也就是说，中华传统文化的时代性需要根据时代需要进行取舍。在内容选取的过程中，一方面要结合当前社会主义现代化建设的需要；另一方面要结合大学生成长与发展的需要，从而让优秀传统文化能够真正为现代事业的发展提供精神资源与动力，成为当前社会发展与大学生成长中必不可少的一部分。

三、地域性

传统文化的另一个重要特征就是其地域性。事实上，中华传统文化的内容是一个民族、一个区域的人们在千百年来的生产、生活中的积累和沉淀，是当地劳动人民集体智慧的结晶，是特定地域风格、文化观念乃至行为方式的体现，不仅具有很强的地域性，在时间上具有延续性，还具有表现形式上的独特性。

中国国土辽阔、地大物博、人口众多，传统文化的内容也丰富多彩，在中华传统文化这一体系之中，既有源自黄河流域的华夏文明作为主体，也有多样的少数民族文化作为补充，相得益彰。

中华传统文化早在数千年前就与异国文化开始了交流。汉唐时期，中华文化已经十分开放。在许多方面，中华民族的祖先曾积极吸收外来文化因素并加以改造，丰富中华文化的内涵。从意识形态方面看，中国接受了从印度传来的佛教，这是世界主要文明体系之间最大规模的交流之一；从艺术方面看，中国大量吸收了沿丝绸之路传来的异国音乐、舞蹈，并使之本土化；从饮食、服饰、民俗等方面看，中国所吸收的异国文化内容也十分惊人。与此同时，中国也将自己的文化向外输出，如四大发明、丝绸与瓷器等工艺制作等，都对世界文化产生了积极的影响，对人类文明做出了巨大贡献。

当今世界已经是一个全球化的世界，跨国资本及其消费文化的历史性扩张，逐渐解构了人类社会的地域传统和生活秩序，地域性传统文化陷入前所未有的衰落与困境之中，置身于这样一个全球化的语境中，如何传承地域性传统文化，并保持世界文化的多元化，是一个值得探究的课题。

四、发展性

传统文化产生于特定时代，因时代的局限性，其具有两面性，其中精华与糟粕并存，养料与毒素同在。优秀传统文化对教育有正面的积极的影响，反之，传统文化中不好的部分也会起到负面的消极的作用。继承是发展的前提，发展是继承的必然要求，继承和发展是统一过程的两个方面。文化在继承的基础上发展，在发展的过程中继承，在这个过程中，不断革除陈旧的、过时的旧文化，推出体现时代精神的新文化，即“取其精华，去其糟粕，推陈出新，革故鼎新”。

继承和发展传统文化，首先要区分“精华”与“糟粕”，传承其中优秀的部分，舍弃其中陈旧腐朽的部分。在继承和发扬优秀传统文化时应该认清，我们学习并传承的是文化内涵，是精神、思想和灵魂，而不是形式。以古人之规矩，开自己之生面，相信随着社会的发展和不断进步，老祖宗留下来的优秀传统文化必然会薪火相传，并实现中华文化的创造性转化和创新性发展。

五、伦理性

中华传统文化是一种伦理型文化，这种文化有着中华民族自身的特点，按照中国古代的传统说法，可以把中华传统文化叫作“崇德”型文化。中华传统文化最重要的社会根基是以血缘关系为纽带的宗法制度，它在很大程度上决定了中国的社会政治结构及其意识形态。由家庭发展成家族，再集合为宗族，组成社会，进而构成国家，这种家国同构的宗法制度是形成中华传统文化重伦理、倡道德的根本原因。

五伦、五常、四维、八德描述了中华道德发展的历程。中华传统道德发展的历史告诉人们，道德的产生与发展都是人类社会生活的需要，并随着社会生活的变迁而变化，这种变化既包括基本道德规范数量的增减，也包括每个道德规范在不同历史时期自身内涵的丰富与发展。

五种人伦关系包括：父子有亲、君臣有义、夫妇有别、长幼有序、朋友有信。也就是说，父子之间有骨肉之亲，它是排在第一位的，可见其重要性；君臣之间要有礼义之道，也就是说臣对君要忠诚、要尊重；夫妻之间要互相挚爱，而又内外有别，夫要有阳刚之气，妻要温柔、善良和体贴；老少之间要有尊卑之序，晚辈要尊重长辈，长辈要关心和爱护晚辈；朋友之间要真诚、守信。这五伦关系是最基本的、处理人与人之间关系的道理和行为准则。父慈子孝，乃是血脉亲情之道；君义臣忠，乃是上下关系之道；夫刚妇柔，乃是相濡以沫之道；长幼有序，乃是礼义相悌之道；朋友有信，乃是肝胆相交之道。

这种人伦关系的实质是对家庭各个成员应尽的责任和义务加以规定，父母对子女有抚育的责任，子女对父母有奉养的义务。这就是儒家所倡导的“人道亲亲”。由“亲亲”的观念出发，引申出对君臣、夫妻、长幼、朋友等关系的整套处理原则。其中“孝道”是最基本的原则，“百善孝为先”，所以梁漱溟称中国文化为“孝的文化”。“孝”

的基本内容是“父为子纲”，强调子女对父母之命的绝对服从。这种道德信念延伸到社会组织中，衍生出“君为臣纲”，孝道转化为治国之道。于是，个人对国家社会的责任就变成了对权威无条件的伦理服从。高居于万民之上的君主就获得了维护自己统治权的堂而皇之的理论依据，并把以道德教化控制臣民变为现实，这就是“以孝治天下”。

可以将这种忠孝原则推广一下，这种原则可以用以处理个人与社会、个人与他人的关系，其基本的道德原则就是“己所不欲，勿施于人”“老吾老以及人之老，幼吾幼以及人之幼”“己欲立而立人，己欲达而达人”。

在中国的传统教育中，重伦理、倡道德始终处于核心地位，德教为先，育人重德。在中国的传统文化中，伦理思想贯穿始终，融汇于中国传统的哲学、政治、历史、文学、教育思想中，并且紧密地结合在一起，这是中华传统文化最显著的特征。

六、和谐性

中华传统文化重和谐与统一的特点，首先体现为人与自然的和谐。《道德经》中提出“人法地，地法天，天法道，道法自然”的哲学观点，道法自然即遵循自然，即万事万物的运行法则都是遵守自然规律的。《中庸》提出：“唯天下之至诚，为能尽其性。能尽其性，则能尽人性。能尽人之性，则能尽物之性。能尽物之性，则可以赞天地之化育。可以赞天地之化育，则可以与天地参矣。”这段话深刻阐述了天、地、人的并立、统一与和谐性，圣人一定要用天地大道了解自己的本性，然后就能了解天地万物的本性，就可以与天地并立为三，以达到天人和谐一致。

中华传统文化还把协调人际关系放在很重要的位置。孔子主张“礼之用，和为贵”，孟子提出“天时不如地利，地利不如人和”，可见“和”的重要性，“和”是取得事业成功的必备条件。《国语·郑语》称：“商契能和合五教，以保于百姓者也，五教和合能使百姓安身立命。”在这里“五教”是指父义、母慈、兄友、弟恭和子孝。管仲认为：“畜之以道，养之以德。畜之以道，则民和；养之以德，则民合。和合故能习，习故能偕，偕习以悉，莫之能伤也”，强调民众和谐的重要性，把民众的和谐统一视为民众道德高尚的直接体现，认为民众和谐就是学习道德，民众只要能够和合，就能产生强大的精神力量，这种力量能够为造福社会和人民做出巨大贡献。反之，天下不安定的原因就是“内之父子兄弟作怨仇，皆有离散之心，不能相和合”。

孔子主张“君子和而不同，小人同而不和”，只有社会中不同思想能够正常交流，才能构成和谐。和谐的最高境界就是“大同理想”和“中庸之道”。“大同理想”的实质是一种对和合境界的追求。“中庸之道”是处理人与人、人和社会关系达到和谐境界的最高原则和最高境界，孔子把它称作最完美的道德：“中庸之为德也，其至矣乎。”何谓“中庸”，北宋理学家程颐解释道：“不偏之谓中，不易之谓庸；中者天下之正道，庸者天下之定理。”“中者，不偏不倚无过不及之名；庸，平常也。”可见，中庸的核心思想就是强调人们在为人处事上思想和行为的适度和守常。做到孔子倡导的“五德”——“惠而不费，劳而不怨，欲而不贪，泰而不骄，威而不猛”，以此达到人与人之间和睦相守的完美境界，实现社会的“大同”理想。这种强烈的和谐意识使中华民族具有强大的民族凝聚力和向心力。

第四节 中华传统文化的思维方式

文化包括三个方面：首先是满足人们最基本生活需要方面的文化；其次是约束机制方面的文化；最后是人们在长期生活实践中形成的观念方面的文化。在这三个文化层面中，儒家、佛家和道家思想是中华传统文化发展的主体框架，并且深深融入了人们的生活。

思维方式是一个人看待问题的基本态度和基本方法，思维方式的差异形成了人的个体差异，也会形成文化上的差异。中国的传统文化和中国人的思维方法是相互影响、相互制约的，有什么样的传统文化就有什么样的思维方法，思维方法反过来影响、制约着民族文化的发展。

一、中国传统思维方式的特点

中国传统思维方式有着很明显的特点。第一个特点是全局性，也就是说考虑问题要从全局出发，注重全局和局部的关系，以全局的观点来描述社会的状态，反映事物的发展规律；第二个特点是实用性，强调认识来源于实践又服务于实践，注重思维的直观性和抽象性，注重概念的递进性，注重认识的伦理性。

中国的传统思维方式除了注重全局性和实用性外，还非常注重形象思维，并善于将形象思维与抽象思维有机结合起来，总结出事物的一般规律，再用这个规律指导社会实践；注重人们的直觉思维，并善于从直觉思维中去体悟内心的感受和体验，重视逻辑推理等。

中国传统思维方式的总体目标就是要达到整体和谐。中国人希望通过彼此的努力做到左右平衡，从而达到整体和谐；从认知的过程来看，中国人看问题从局部到整体，避免只见树木不见森林，习惯从大局系统地去研究事物发展的过程与状态，把握事物的处理方法；从行为表现上看，中国人避免处理问题极端化，要留有回旋的余地，所以在生活中处理问题的时候，多是采取中和的方法，不偏不倚。

二、中华传统文化对中国传统思维方式的影响

思维是对客观事物的概括和间接的反应过程，这个过程包括人对生活或对某一问题的认知或智力活动。思维包括直观行为思维、抽象逻辑思维和具体形象思维，思维是探索与发现事物的内部本质联系和规律性，是认识过程的高级阶段。

思维方式是一个人看待问题的基本态度和基本方法，中国现在的思维方式是从封建时代开始发展和延续起来的。很早以前，农民在田间劳动是古代人们经济生活的主要内容，这种生产方式形成了一套固定的传统的思维方式，家族观念的思想与当时社会种族观念的形成，都是中国传统思维方式形成和发展的主要土壤。古代非常讲究的、严

格规范的“礼”，以及表现当时人民精神思想的“乐”，都深刻体现了中国传统思维的一种形式。这些人们思维活动的主要方式，还有人民根据当时社会的经济和文化的现状所存在的精神生活以及所表现的重要形式，是古代思维方式初步形成的主要因素。这种思维既有不变的因素，又有随着时代不断发展的重要因素，这些因素在中华民族绵延五千年的历史文化长河中，影响了中国传统思维方法发展的特点和模式。

传统思维的结构很早就形成了。在春秋战国时代，儒、道两家的思想既相互统一又相互促进，在当时的文化中占主流地位。儒、道两家的思想和观念影响了传统思维的发展，奠定了中国古代文化的理论基础，对当时社会的发展和民众的生活产生了很大的促进作用，进而确立了传统思维理论的基本框架。

先秦诸子时期是我国古代文化发展的第一个高峰期，其突出的表现是道家思想的形成。在这个时期，道家思想逐步成为完整的思想体系，形成了较系统的人生观、世界观和宇宙观。老子根据自己丰富的生活阅历、对乱世时局的思想和对生命的感悟，创立了朴素的辩证法。这一思想对后人的影响非常深远，使国人习惯以辩证的思维方式去分析和解决问题，对事物的分析更加全面和透彻，这种辩证思维方式，造就了国人不激进、不保守的特质。

到了秦代和汉代，国家得到了基本的统一，国家政治制度的制定和社会经济的发展，使得传统思想受到了很大的影响，文化朝着一体化方向发展。从度、量、衡的高度统一，到文学上“罢黜百家，独尊儒术”的思想影响，传统思想逐步走向一体化，思维方式也发生了根本的变化。虽然后来佛学传入对传统文化有着很大的影响，但以儒、道两家为主体，儒、道互相促进和互相补充的思维模式却始终在文化发展中居于主导地位。这种思想反映到思维方式上，就表现为整体性思维和系统性思维。

中华传统文化历经几千年的发展，具有两面性，有精华也有糟粕，因此，其对人们思维方式的影响也具有两面性。在以后的中华传统文化教育中，要扬长避短，补充思维不足的部分，提高人们的整体思维能力。

三、中华传统文化思维的整体性

中国传统思维把事物分为对立的两个方面，以其对立和统一的发展规律来把握整体。用整体和全面的视角把握对立的两个方面，就能从全面联系的整体性中反映对象，这就是思维过程中的整体性。中华传统文化的继承和发展得益于中国传统思维的整体性原则。

儒释道文化是中华传统文化的主线，是中华传统文化的核心内容，“儒”指的是儒教，“释”指的是释教，又称佛教，“道”指的是道教，历史上称为“三教”。儒释道文化有其独特的内容和特点，但三者互相融合、促进和发展，充分体现了中华传统文化思维的整体性。儒释道文化的发展，大体可以分成三个阶段，这三个阶段分别是魏晋南北朝梁武帝时期、唐宋时期和元明时期。在儒释道文化发展的过程中，三者是独立的，相互区别，然而它们又具有互补性，对社会的发展和人们道德水平的提升都起着非常重要的作用，推动了社会向前发展。

在儒释道文化发展的过程中，“三教”的思想从开始的独立到慢慢交叉和融合，到了最后阶段实现了完全意义上的合一，成为中华传统文化不可分割的一个整体。

儒家认为，大学之道可表述为“三纲八目”，所谓“三纲”，是指明明德、亲民、止于至善。指明大学的宗旨由三个纲目组成，一是弘扬光明正大的品德，二是把光明正大的品德应用于生活，三是使人达到最完善的境界，这是《大学》的核心思想，也是儒学的目标。所谓“八目”，是指格物、致知、诚意、正心、修身、齐家、治国、平天下，这是儒家为人们提出的一个人成功所经历的过程和步骤。意思是要求人们亲自实践，不要有过多的欲望，在实践中树立崇高的道德意识；为人真诚，抵御各种欲望的诱惑，提高自己的品德修养；管理好自己的家庭和本职工作，然后更好地治理国家，为天下众生服务。概括起来，这个三纲八目分为两个方面：一是“内圣”，二是“外王”。也就是指一个人要成功，一定要具有圣人的才德，有了圣人的才德才能对外施行王道，治理国家，更好地为社会服务。“内圣”的标准包括四个方面，也就是“格物、致知、诚意、正心”，“外王”的标准包括三个方面，也就是“齐家、治国、平天下”。而中间的“修身”环节，则是连接“内圣”和“外王”两方面的桥梁。几千年来，一代又一代的人们把此当作人生追求的理想和目标。这一成就圣人之道，影响着无数人为之而努力奋斗，为推动社会道德水平的提升起着不可估量的作用。

道家的思想宗旨是道法自然，无为思想，以无为思想治国。道家的思想本质是出世，道家强调要讲“道”，“道”就是规律。宇宙的规律，既是宇宙的本源，也是宇宙中万物存在和生长的规律和准则。道家认为，自然界万物处于经常的运动变化之中，世界上没有固定不变的东西，这就是道，道是宇宙运行的基本法则。《道德经》中说：“人法地，地法天，天法道，道法自然”，深刻阐述了道的重要性。道家认为，一个人要想幸福和长寿，一定要按照道的自然规律去想、去行，任何人都不能脱离天道的规律而独立生存。如果把这个思想推广开来，一个国家和社会的发展，只有顺应自然、顺应天道和民意，才能社会安宁，才能国泰民安。道家思想中的“清静无为”“返本归真”“道法自然”等主张，也与中医养生、治疗和保健有异曲同工之妙，深刻反映了中华传统文化思维方式的整体性。

四、中华传统文化思维的对立统一性

对立面之间的统一和斗争，是矛盾双方所固有的两种相反的属性。对立面的统一即矛盾的统一性，是矛盾双方相互依存、相互肯定的属性，它使事物保持自身的统一。由于对立面之间相互统一的作用，双方能够相互吸取和利用有利于自己的因素而得以发展。对立面之间的相互斗争，使事物不断地变化以至最终破坏自身统一，是促成新事物否定旧事物的决定力量。

中华传统文化核心的“中和”，就深刻体现了对立统一的思想，它把矛盾的两个方面经过整合，统一到一致的方面上来。中和思想不仅是古代治国理政智慧的灵魂，也是构成现代中华政治文化的精髓。

儒家经典《中庸》将中和归为宇宙天地的大道思想，也是世界万物生存发展的根本规律。何谓中和?“中”的含义是不偏不倚、无过不及、不走极端，即指事物具有的最佳的组成结构以及最精当合理的比例关系，中和表现了事物存在的最佳状态，是事物最优秀的生存和发展规律。中华先哲深刻揭示了中和之道，给我们一个处理事物的最佳思想，这个思想已成为民族的最高生存智慧，使中华民族数千年以“和”为根本价值追求，以“中”为根本思维方式，构成中华民族生存大法，深刻体现了对立统一的哲学思想。

中和之道是宇宙天地的根本规律，是一个人应该遵守的为人之道，也可以说是社会发展的遵循之道。儒家理想的尧、舜、禹三代治理国家的主要思想就是中和之治。儒家自孔子开始，就肯定尧、舜、禹三代圣人相授相受的治国理政之道就是“允执厥中”的中和之道。孔子高度肯定舜具有治国理政的大智慧，集中体现在舜善于“执中”的治国之道，即善于在广泛考察、深入了解的基础上，正确及时地去除“过”与“不及”的两种片面性，制定并实施最具合理性的决策和举措，从而有效改善百姓生活。显然，这种“执两用中”的治国理政之道，蕴含着深刻的历史辩证法和唯物辩证法的对立统一智慧。

中国传统思维注重“统一”，注重“互惠互利”；中国传统哲学讲“阴阳一体”，讲“万物和合”，虽不否认对立，但比较强调“统一”，讲“和为贵”，讲“宽容理解”，讲“冤家宜解不宜结”。中华文化是对立统一的文化，是一个和谐、团结、民主的文化，中华文化允许大家有不同的信仰，求同存异、彼此尊重、和而不同。

探寻世界的统一性、发展性与和谐性是中国哲学的本色，“亦此亦彼”“你有我有他也有”的思想成为中华文化的思维习惯。

不同民族的文化造就了不同民族的思维方式，而思维方法的不同又对文化产生了极其深刻的影响。思维方式是民族精神的核心问题，它对民族的心理和性格具有深刻和长久的影响，不同民族的思维方式也会对社会政治制度产生直接的影响。

总之，对待中国传统思维要持科学的态度，对中国传统思维方式取得的巨大成就应给予充分肯定，并加以完善和发扬；而对它存在的不足也要有足够的自觉的认识，并加以纠正和改进。面对科学技术突飞猛进的发展，以及我国改革开放和社会主义现代化建设的新形势，当代大学生有必要重新审视自己的思维习惯和思维方式，研究和学习科学的思维方法，倡导良好的思维品质，迎接新时代前进道路上的挑战。

第五节　中华优秀传统文化的德育价值

中华优秀传统文化是德育的文化根基，在德育教育中发挥着不可替代的作用。中华优秀传统文化所蕴含的思维方式、价值观念和行为准则等，蕴含着丰富的人生哲理，对大学生如何实现生命价值有较强的指导意义。其具有的深刻历史性、传承性和发展性，对当下社会的发展和进步也有一定的现实指导意义。在复杂的社会环境与多元化的思想影响下，很多大学生的思想、心理及行为品质出现了一些不良的表现。因而，弘扬中华优秀传统文化，遵循大学生认知规律，对传统文化经典及精髓等进行系统整合，用文化文明的智慧指引当代大学生树立正确的人生观、世界观、价值观、国家观、民族观、历史观、雅俗观，使他们坚定实现“中国梦”的信念，从而进一步构建完善而科学的学校德育建设体系，这是非常必要的。

一、中华优秀传统文化蕴含着丰富的德育思想

中华优秀传统文化非常重视个人道德品质的提高与完善，强调对个人的思想和行为进行自律。高校德育工作的主要目的是帮助学生提升道德水平和自身修养，帮助学生能够按照社会要求的道德原则为人处世。“天下兴亡，匹夫有责”是中华优秀传统文化的重要思想，这种以天下为己任的爱国主义精神在几千年来支撑着中华民族的繁荣发展。此外，“为天地立心”的责任意识，“为生民立命”的无私奉献精神，“天行健，君子以自强不息”的积极进取精神，“俭以养德，淡泊明志”的艰苦奋斗精神，以及“立木取信”“一诺千金”的诚实守信等优秀精神品质都是高校德育工作要实现的教育效果。可见，优秀传统文化的内在价值与高校德育的目标是一致的。

二、中华优秀传统文化为大学生提供了丰富的德育内容

大学生德育过程主要包含思想、政治、道德观念等内容，而传统文化的内容涵盖了人的思想意识、知识理论、道德培养等诸多方面，二者在内容上互相联系、互相融通。例如，传统文化中有许多关于

"养德"的内容：在家庭中倡导"孝悌"，在职业中提倡"敬业乐群"，在社会中提倡"仁爱之心"，在个人品德上提倡"修身"等。

（一）能够帮助大学生树立正确的国家观

国家观是人们对国家问题的总的看法和基本观点，新时期的国家观应该顺应时代的发展。从古至今，许多文人墨客都有一种强烈的忧国忧民意识，把国家和民族的利益放在首位，将"以天下为己任"作为自己最崇高的道德标准。从孔子的"诗可以怨"的思想，到范仲淹的"先天下之忧而忧，后天下之乐而乐"的爱国情怀，再到顾炎武的"天下兴亡，匹夫有责"的呐喊，这些无不反映出古人的忧患意识和爱国精神。培养大学生正确的国家观的内核是让大学生深入领会爱国主义思想，树立大学生对国家的理性、积极、正确、全面的观念。它是增强国家凝聚力的重要精神保障，能够为国家长久发展指引航向。

可以说，儒家所提倡的"修身、齐家、治国、平天下"的价值理念，体现了中华民族的爱国忧民思想。作为中华民族传承不息、经久不衰的精神追求，这些国家至上的爱国精神已经融入到中华儿女的思想和灵魂之中。这种国家观，对于当代大学生塑造人生理想、责任和使命有着重要的意义。优秀传统文化的熏陶，必然能够激励大学生们为中华民族的伟大复兴而加倍努力奋斗。

（二）能够帮助大学生明礼仪

礼仪文明作为中华传统文化的一个重要组成部分，对中国社会的历史发展产生了广泛深远的影响。在中华传统文化中，礼仪规范不仅被视为做人的根本，也被视为建功立业的根基。《左传》说：“礼以行义，义以生利，利以平民，政之大节也。”孔子说：“不学礼，无以立。”

礼仪文化建设，在国内外的公共关系、国际事务往来、日常商务活动、人与人的自然交往等很多方面都起着非常重要的作用。随着中国经济的迅速发展，我国物质文明和精神文明的差距有所增大，在物质文明高度发展的今天，在某些领域和地方还一定程度上存在道德失范现象。礼仪文化建设是加强以德治国、端正社会风气的必不可少的行为举措。

中华礼仪文化以其平和、中正的特征对人们产生深远的影响。但是任何一个民族的文化都不可能是一成不变的，而应该与时俱进，取其精华，弃其糟粕。优秀文化的因子往往历久弥新，长久地存活在历史的长河中，持续地影响着民族的精神和面貌。即使在科技高度发达的今天，人们还每每要回到那个时代去寻找智慧，对孔子诸家倡导的礼乐文化，人们也应该作如是观。

综上所述，中国传统的礼仪文明是宝贵的思想资源，可以为大学生提供重要的借鉴。

（三）能够帮助大学生懂仁爱

“仁”是儒家学说最为核心的关键词，有人称其为儒家学说的基石。儒家经典《论语》当中，“仁”字就出现了百余次。

儒家的仁爱观念是中华传统仁爱观念的主流，这种仁爱观由近及远，由亲向疏，最后做到爱天地万物。“亲亲而仁民，仁民而爱物”，最终达至“仁者以天地万物为一体”的境界。

“仁爱”的第一层含义是爱自己的亲人，这是人伦之本，是人的最基本的情感。孔子说：“君子务本，本立而道生。孝弟也者，其为仁之本与。”“仁爱”的第二层含义是要爱国爱人民，即“泛爱众而亲仁”，这是爱的扩展，也是仁的较高的境界。“仁爱”的第三层含义，是要爱天地万物，这是仁的最高境界。

中华优秀传统文化中的“仁爱”，既是人的基本素质，也是传统文化对人的最基本的要求。“仁爱”的内涵与社会主义核心价值观中的诚信、友善相一致，不仅是公民必须恪守的基本道德准则，也是评价公民道德行为选择的基本价值标准。

总之，“仁爱”思想是中华优秀传统文化的重要组成部分。培养大学生的“仁爱”思想，努力构建适于大学生学习成长的大环境，对于人才的培养有着至关重要的作用，应引起广大思想政治教育工作者的深入思考。通过对大学生进行“仁爱”教育，让大学生爱自己、爱亲人、爱他人、爱世间的万物。对他人的爱，是一种博爱，是对弱势群体的体恤，是对世间各行各业的人的感恩，是对管理者的理解，是对大自然的感念。归根结底，“仁爱”的精髓是一种崇高的责任：对自己负责、对家庭负责、对社会负责。将“仁爱”思想融入思想政治教育的课程体系，能够更好地培养大学生的社会责任感，使其肩负理想信念，为中华民族的伟大复兴而奋斗。

（四）能够帮助大学生守孝道

孝道作为中华传统文化之根，已传承了几千年，孝道文化在中国发展过程中的作用是多方面的。儒家经典《孝经》的诞生，不仅标志着孝道、孝行、孝治理论系统化的形成，同时也开始将孝道思想从“仁孝”体系中逐步抽离，强调人们不仅要重孝道，还不能忽视最重要的人道基础。“百善孝为先”，孝被看作“百行之先”“为仁之本”，它已经深深地根植于人们的心中，被人们所接受。

孔子认为对父母应该敬养，主张对父母和长辈一定要非常恭敬，提出“色难”的观念，强调为人子女，不仅要用物质奉养父母，还要在精神上敬爱父母。“今之孝者，是谓能养。至于犬马，皆能有养；不敬，何以别乎？”（《论语・为政》）人类是高等动物，具有社会性，让父母吃饱穿暖、提供安全保障是孝最基本的要求；尊重父母，让他们精神上快乐是孝的根本。孔子认为，对父母只是提供物质上的需要而没有敬爱就如同饲养犬马。父母不仅养育子女成长，而且还倾注所有的爱心来培养和爱护子女。反过来，子女要懂得感恩。“滴水之恩当涌泉相报”，更何况父母的爱深似大海。这是每一个正直与善良的人都应该做到的，也是儒学塑造人品格的一个方面。

从个体来讲，孝道是修身养性的基础。通过践行孝道，每个人的道德可以完善，否则就会失去做人最起码的德行。倡导孝道并以此作为培育下一代道德修养的重要内容在今天仍然有着重要的现实意义。从家庭来说，实行孝道可以实现长幼有序，规范人伦秩序，促进家庭和睦。家庭是社会的细胞，家庭稳定则社会稳定，家庭不稳定则社会不稳定。故此，儒家非常重视家庭的作用，强调用孝道规范家庭。在新时代，强调子女尊敬和赡养父母具有同样重要的作用。

孝道的思想是人修养最基础的方面，在社会中大力提倡孝道，是调节家庭伦理关系的要求，也是社会发展的要求，提倡孝道对社会稳定和经济的发展起到了积极的作用。

通过对大学生进行孝道的教育，让大学生深刻理解孝道的基本含义，即对父母的孝道。“孝者，德之本也，教之所由生也”，大学生的善行应建立在孝敬父母的前提之下，对父母的孝道是每一个炎黄子孙所应具备的品行。无论身处何地，都应该将父母放在首位，即生活甚至事业都应该以孝敬父母为前提。

通过对大学生进行孝道的教育，能够让大学生深刻理解对国家的孝道。先有国后有家，国家的利益高于一切，把国家的利益放在第一位是每一个中国人都应具有的操守。无论身在何处，时刻都应想着为国争光，以国家利益为重。在国家利益和个人利益发生冲突的时候，首先要考虑国家的利益，不以一己私利而损害国家的利益，竭尽自己的所能去爱护国家，维护国家的尊严。在国家面对一些困难时，应该尽一个中国人的义务，为国家排忧解难，忠诚于自己的国家。

加强对大学生的孝道文化教育，可以树立大学生正确的人生观和价值观，能够使大学生更加理解父母的艰辛和国家发展的艰辛，从而更加遵守孝道。孝道文化教育还可以帮助大学生养成良好的行为习惯，为大学生将来更好地融入社会以及报效祖国，做好充分的准备。

（五）能够帮助大学生明明德

中华优秀传统文化特别是儒家文化，非常重视人的道德修养和道德境界的提升。这既是成人之道，也是一个人成为君子和圣人之道，这个道就叫大学。《大学》里深刻说明了一个人成为君子和圣人之道，强调大学之道，在“明明德”，在“亲民”，在“止于至善”。这三句话是《大学》的三大纲领，是不可分割的一个整体，也是做人和进行道德修养的三种理想的境界。

大学之道，在“明明德”：真正的大学问就是成人之道和做人之道，这是一个君子和圣贤的基本标准。做人之道的第一步是要弘扬光明本善的心性，通俗地说就是要让人性善的那一部分像熊熊大火一样燃烧起来，充分发扬自己的天性。儒家学说的主流思想秉持人性是善的观点，所以说，做人之道的第一步就是要保存和发扬人性善的光明因子，沿着性善走下去。在人生的每一个选择和考验之中，都要坚守人性善的本性，让道德的力量来主持和统领我们的心灵。

“明明德”的道德追求，都落实到最后一句话上，即“止于至善”。就是要达到善的最高境界，这是“明明德”的最终目的。性本善，每个大学生都有善良的一面，这是人性中最原始、最纯净的一面，经过“明明德”使大学生达到善的最高境界，这正是大学的教育目的。

作为国家的栋梁，大学生应该努力学习，提高自己的道德修养，脚踏实地，做好分内之事，这是“明明德”之题中应有之意。《中庸》曰“君子之道，辟如行远必自迩，辟如登高必自卑。”“明德”既“明”，则其所发的愿便被完满地接受，进而变成大学生的担当意识，大学生便会自觉地履行担当义务。

对于现代大学而言，“明明德”是大学生命的本体，是思想道德遵循的目标，也是大学生命发展的逻辑起点。“明明德”意味着要明确大学的思想和学术特质，以培养大学生的综合素质为根本；对大学生道德人格培养来说，“明明德”是要秉持提高人的内在修养和道德品质的核心价值理念。需要遵循“明德入道”的道德法则，重振“大学之道”，着重培养高校大学生高尚的道德修养和理想的人格品质。

（六）能够帮助大学生知感恩

感恩是一种为人处世的基本态度，是一个人在社会交往中对给予自己帮助的人的一种回馈心理，是大学生学习和生活中应有的智慧。大学生要学会感恩，要用感恩之心对待生活中的人和事，这样才会有一个积极的人生观，才会有一种健康的心态。

学会感恩，要学会敬畏自然、珍视生命。中华优秀传统文化追求人与自然和谐共生，显现出一种虚怀若谷的胸怀以及尊重自然、无愧天地的高度责任感和使命感。感恩自然，要求人们在观念上重视，在行动上落实；人们不断探索如何最大限度地发挥主观能动性去与自然和谐共生。而感恩意识的缺失，则会造成人们为满足私欲而违背自然规律，打破人与自然平衡相处的行为现象。古人言“达则兼善天下”，正是强调对社会的反哺和责任。感恩教育培育的一个重要方面就是培养学生的社会责任感和历史使命感。一个没有责任感和不懂感恩的人，很难想象其会对社会有感恩之心，能对社会有大的贡献。

大学生不仅要对父母存有感恩之心，还要学会尊师敬师，对老师怀有感恩之心。学会感恩，还要学会考虑他人的感受，同情和关爱他人。通过感恩教育让大学生懂得尊敬别人，帮助大学生勇于承担起自己的责任，牢记自己的使命，为天地立心，为生民立命。

三、中华优秀传统文化为大学生提供了丰富的德育方法

优秀传统文化不仅拥有丰富的德育内容，也拥有科学而有效的大学生德育方法。在中华传统文化发展的历史当中，就有诸多像孔子、孟子一样非常优秀的教育家、思想家和哲学家。他们提出了道德教育的观点，并以其特有的教育方法，在不同年代中发挥了特有的教育作用。这些教育观点和教育方法是高校德育建设的理论基础。

大学德育的教育方法大致可分为两大类，即大学生的自我教育和教育者对大学生进行的教育。传统文化中有关自我教育的方法有很多，如“克己”“自律”“反省内求”等；教育者进行教育的方法也有很多，如言传身教、疏导教育、环境熏陶、因材施教等。例如朱熹提出：孔子教人，各因其材。这些教育方式和方法给大学的德育教育提供了很好的借鉴。

因此，在高校大学生德育建设过程中必须充分运用和发挥优秀传统文化的价值。将优秀传统文化的思想和内涵融入德育建设，既是大学生成长成才的必然需求，也是改进和创新高校德育建设的必然选择，更是适应时代和社会发展的必然趋势。

第二章　新时期高校德育工作创新

第一节　立德树人是高等教育的根本任务

人才培养是学校的根本任务，不断提高人才培养质量，是大学的永恒使命，是高等教育改革发展的生命线。新形势下如何提高人才培养质量，是摆在高等学校面前的一个十分重要的课题。高等学校充分发挥推动优势资源转化对支撑人才培养和促进质量提升的重要作用，把推动优势转化作为学校的重要发展战略来实施。加强政策引导，加大经费投入，丰富、拓展学校人才培养的渠道和资源，努力将学校积累的一切办学资源转化为优质的教育教学资源，把多方面的办学优势转化为人才培养的新优势，促进大学生创新精神和实践能力的养成，努力培养创新型人才。

一、将学科品牌资源转化为专业特色优势

学科实力是构成大学核心竞争力的关键指标，也是学校人才培养、科学研究、社会服务和文化传承创新的基础。一所大学最根本的特色就在于它的学科，没有优势学科的大学注定无法成为具有影响力的大学。

如何把好的学科实力转化为人才培养优势，融入人才培养的各个环节，是学校教育教学改革需要特别思考和解决的问题。为此，学校不断加强优势学科的建设力度，牢牢占领人才培养的制高点，注重将学科的品牌资源转化为专业和课程优势，为人才培养提供强有力的支撑。

大力加强学科建设，为专业和课程建设提供目标导向。学校主动适应变化和需求，统筹好学科基础和办学资源，统筹好学科、专业和课程建设，发挥好学科的龙头作用。一方面，大力支持优势和特色学科发展，真正使学科特色更加鲜明，优势更加突出，品牌叫得更响；另一方面，进一步优化学科结构，建设包容有序、充满活力的学科生态。大力支持新兴学科和交叉学科的建设，推动各学科健康协调发展，从而为专业和课程建设提供科学的目标导向。

进一步完善学科、专业和课程建设相互协同的新机制。如何建立起促进学科、专业和课程建设相互协同的新机制，使有限的学科资源最大限度地转化为优质教育教学资源，已成为提高办学质量的一个亟待解决的重要问题。实践证明，实施学科、专业和课程一体化建设是一条很好的道路。因此，学校大力加强重点学科、特色专业和精品课

程建设，依托国家、省部级重点学科打造特色专业和精品课程，为人才培养提供更加有力的支撑。同时，根据学科发展和行业需求的变化，主动调整专业和课程设置，建立起优化调整的动态机制，使学校的人才培养更加富有特色，更加符合教育教学规律，实现人才培养与社会需求的有效对接和良性互动，从而带动人才培养质量的整体提升。

发挥多学科优势，培养跨学科复合型人才。现代科技的发展，一方面使学科高度分离；另一方面又使学科高度融合，学科的综合化已成为学科发展的主要趋势。高等学校要顺应这种发展趋势，重视学术资源整合，重视学科融合及跨专业人才的培养。这需要在诸多方面进行改革和探索。

二、将学术科研资源转化为创新教育优势

开展科学研究，促进人才培养质量提升，是现代大学生存发展的内在动力源。一所大学的学术水平、学术地位和科研质量、科研实力，决定了这所大学在创新型人才培养方面的优势和特色。

把科研院所的科研资源转化为学校的教学资源，特别是让学生尽可能有机会参与到科研创新活动中。当前最迫切需要引起重视并加以解决的，就是如何把学校的学术科研资源有效地转化为丰富的创新教育资源，让学生直接从中受益。

进一步推动最新科研成果“进教材”“进课堂”。科研和教学结合是高水平大学的一个重要特征。科研与教学相互促进、相互转化，是

许多高校的好做法和好传统。作为高校教师，在开展高水平科研工作、取得高水平研究成果的同时，要及时把自己的科研成果、国内外研究动向以及科学方法融入教材，引进到课堂中来，为提升教学质量，特别是开展创新教育提供永不枯竭的动力源泉。为此，学校鼓励教师积极申请教材立项和承担教材编写任务，鼓励教师把科研项目、科研成果和科研方法转化到课堂中去，在教学研究立项中更多地支持通过科研创新推进教学改革的项目。

大力推进科研实验场所向学生开放。在建设好科研创新平台的同时，还要积极发挥它的育人功能，尽可能地向学生开放，为人才培养服务。学校建立健全国家及省部级重点实验室等各级各类科研创新平台全天候向各层次学生开放。进一步改革实验教学体系，鼓励学生根据学习和兴趣需要，有效利用学校现有的实验资源开展实验创新活动。设立科研实验室开放专项基金，并根据科研实验室开放运行的实际效果研究制定有关激励措施。加强“大学生创新创业训练计划”项目建设，积极引导学生参与到各种科研训练项目、学科竞赛活动中，为学生提供开放的创新实践平台，培养学生的创新意识和能力。鼓励教师将自己的科研课题与学生的毕业论文紧密结合。毕业论文是教学的重要环节，也是培养学生实际工作能力最集中的阶段。学生的毕业论文以教师的科研课题为依托，真题实做，能有效解决学生毕业论文创新性不足、理论和实践意义不强的问题，达到培养学生实践创新能力与提高教师科研教学水平相互促进、相得益彰的目的。

因此，学生的毕业论文最好能与指导教师的科研课题紧密结合，使教师在学生选题、开题、结题、答辩等各个环节结合自己的科研实际，为学生把握好方向，给予学生必要的启示。鼓励和指导学生勤于动脑、勇于创新，提高学生分析问题和解决问题的能力，提升毕业论文的质量，使学生在进入职场前，就具有与本学科专业相关的、较强的实践能力和动手操作能力。

三、将产学研结合资源转化为实践教学优势

当今世界，经济结构处于新一轮深刻调整之中，各国都在探索科技、教育与经济的有机结合，探索产学研良性互动的模式与途径，以完善本国科技创新体系，增强综合国力。高等学校面临着充满机遇的广阔舞台，发挥学科优势，依托产学研良性互动培养高素质创新人才，是当前高校教育教学改革中一个值得重点研究的问题。

产学研结合是我校的办学传统和优势所在。在长期的办学实践中，学校秉承“立德、敬业、精技、创新”的校训，依托优势学科和行业市场两大平台，把产学研结合作为实现人才培养目标的重要途径，开创了产学研合作办学的良好局面，形成了特有的办学品牌优势。

实践证明，产学研结合和良性互动，对于培育学生优良素质、综合能力和创新精神，对实现学校教育与生产、科研实践有机结合，对提高实践教学质量有着特别重要的意义。新的形势下，学校继续弘扬这一办学传统，不断创新产学研合作的实践模式，积极主动地、充分地利用好学校与企业、科研院所等多种不同的教育资源，利用好产学研各自在人才培养方面的优势。

进一步完善实践教学体系。重视实践育人，抓好实践教学环节，必须坚持在产学研良性互动中不断优化人才培养方案，完善实践教学体系，做好顶层设计。学校遵循人才成长和教育教学规律，进一步完善以学生实践创新能力培养为核心，以实验平台和实习基地为依托，以师资和激励监控机制为保障的实践教学体系。结合学校人才培养方案以及复合型人才、卓越工程师等专门培养计划的实施，进一步推动产学研结合的优质资源向实践教学的各个环节渗透转化。深入到相关企业和合作单位，了解企业的现实需求，了解行业的最新发展，了解企业对搞好实践教学的意见和建议，不断对实践教学体系进行整合优化，对实践教学内容进行调整更新，努力建设一个开放、动态的实践教学体系。

大力加强校内外实习基地建设。学校在抓好实验平台资源共享的同时，统筹协调好校内校外两个资源，进一步加强实习基地建设。充分利用校办产业的技术与设备优势，强化校办产业的育人职能，建立产学研结合的、更具学校特色的校内实习基地。充分用好大学科技园这一品牌资源，为实践教学提供优质服务。积极主动地为校外实习基地所在单位提供科技、人才等优质服务，赢得企业和社会的更大支持，建立更高水平的校外实习基地。此外，还鼓励有条件的院系积极开拓海外实习基地，搭建更宽阔的实践教学平台。

更加注重实践教学指导教师队伍建设。为建设好一支从事实践教学的教师队伍，从学校层面到教师层面都需要转变观念，形成统一的认识。学校根据不同实践教学形式，对担任各类实践教学指导教师的教学活动进行规范，明确职责，建立和完善激励监管机制。加强现有教师实践教学技能培训，有计划地组织从事实践教学的教师深入企业和社会，在实践中提高教学技能和水平。采用灵活的用人制度，聘用一批适宜于学校实践教学活动、具有较强实践技能的企业行业专家兼职指导教师，建设一支专兼结合的实践教学指导教师队伍。同时，利用好校友资源，一方面，请校友们回校就生产一线的情况开讲座、做报告；另一方面，请校友们对前往实习的学生多加关心、悉心指导。

四、将优质生态资源转化为环境育人优势

“赏心悦目的环境，可以使人心旷神怡；奋发图强的气氛，可以催人奋进”。这句名言表明生态环境具有独特的教育功能。良好的校园文化环境有利于学生健康情感的熏陶和培养，有利于文化知识的渗透和传播，有利于学生审美情趣和道德价值观的形成和提升。即使学生们离开校园多年，他们身上也都会留下这种特有的大学文化“印记”。

优质的生态资源是学校办学的宝贵财富，更是学校发展的比较优势。要采取切实有效的措施，将这些优质的环境资源转化为育人优势，在推进教育教学改革、提高人才培养质量中发挥不可替代的作用。

强化生态文明意识，营造生态美好的校园环境。大力推进生态文明建设是党中央反复强调的重大战略任务。高校应进一步强化生态文明意识，发挥好生态环境的比较优势，把良好的生态环境作为育人的特有资源和重要途径。

加强生态文明价值观教育，将生态文明的内容纳入学校教育教学体系，运用多种形式和手段，深入进行生态文明宣传教育和知识普

及。引导师生积极参与生态校园建设实践活动，人人养成良好的环境意识和行为习惯，从我做起，从身边做起，为营造生态美好的校园环境贡献力量。加强文化设施建设，注重校区的历史传承。建设高水平大学，离不开历史的传承和文化的支撑。为尽早实现校区的战略调整，校区前期的建设主要以满足师生日常学习、生活需求为主。完成办学结构调整后，学校大力加强校园文化建设，特别是集中力量，高起点、高标准地完成校园各类文化设施建设，全面提升环境育人的能力和水平。学校结合历史和现状，坚持在传承中创新、在创新中积淀和弘扬，努力使校园更具内涵和底蕴。

第二节　新时期高校德育创新的理论基础和原则

实践基础上的理论创新，是社会发展和变革的先导。通过理论创新推动制度创新、科技创新、文化创新以及其他各方面的创新，不断在实践中前进，永不自满，永不懈怠。新时期高校德育创新工作必须要有坚实的理论基础为指导。

一、新时期高校德育创新的理论基础

中国传统文化是历经几千年的社会变革和发展而形成的一种思想和知识系统，中国传统文化追求人与自然的和谐、人与人的和谐，把

天、地、人看作统一的整体，以“人与天地万物为一体”“天人合一”为最高境界。

中国传统文化是以伦理观念、伦理道德修养及治国安邦之术为核心的。其内涵和特征主要有四个方面：突出伦理本位；倾心于现实政治；宣扬主体意识主要包括认识的主体性、道德的主体性和生活的主体性；强调整体观念。

（一）科学发展观中的“以人为本”思想

我们正处在社会发展的转型时期。一方面，我国社会主义改革开放与发展市场经济使社会生产方式、生活方式发生转变；另一方面，随着信息网络技术的发展，世界正走向知识经济时代。社会与时代的发展变化必然要求教育与时俱进，培养适应社会转型需要的人才。德育是培育社会精神和人才思想意识的工作，无疑需要体现先进性与发展性，需要改革和创新。但是，它的改革创新必须用新的理念做指导，对传统的理念进行扬弃和超越。

以人为本的科学发展观，是体现社会主义性质与价值取向的社会理念，与其一致，德育必须坚持和弘扬“以人为本”的理念。

以人为本，就是要把人民的利益作为一切工作的出发点和落脚点，不断满足人们的多方面需求和促进人的全面发展。马克思曾经说过，任何一种解放都是把人的世界和人的关系还给人自己，这是以人为本的根本。以人为本，说到底，就是解放人，使人的潜能得到主动、全面、充分的发挥。

因此，以人为本，是做好德育工作的基础和前提。坚持以人为本，就要求我们在德育的过程中做到尊重学生、理解学生、关心学生和信任学生，注重学生个性发展和全面发展的统一，注重学生创造性人格和健康人格的统一，注重学生“学会”和“会学”的统一，促进学生全面发展。

（二）系统科学理论中的“大德育”思想

系统科学是研究事物整体联系和运动发展规律的科学，其要点为：

第一，任何一个事物的存在都表现为一个系统。系统是由事物内部互相联系、互相作用、互相依赖和影响的若干部分组成的有机整体。整体性是系统的一个本质属性。系统总是处在赖以生存和发展的环境之中，并不断同环境进行物质、能量和信息的交换。

在德育这个系统中，包含着三个最基本的因素：即教育者、受教育者和教育过程。其相互联系，互相影响，十分密切。加强高校德育创新，必须从整体性大背景的变化出发，树立战略意识、时代意识。从整体观念的思想出发，明确调控目标，使各系统整合成一种合力，形成上下连接、左右贯通、立体交叉的德育网络。高校德育工作量大面广，组织过程耗时耗力，没有有效的调控机制，就可能导致无序无效。因此，实现德育效果的最大化，不仅需要校内各种教育资源的整合，还需要家庭、学校和社会加强联系，相互协调，从整体上优化育人环境。

第二，系统内部各要素具有层次性和等级性，系统的不同层次有着不同的规律。德育的层次性取决于德育对象的层次性，要提升德育效果，必须把握层次性要求，树立德育对象主体性观念，加强针对性工作。研究德育对象的层次性，就要注重学生全面发展和理想人格塑造的序列性，在学生学习过程的不同阶段、不同时机、不同教育环节，实施不同的教育内容，采取不同的方式、手段，满足学生不断增长的需要，分层次、有重点、由低到高、由浅入深，形成循序渐进的系列教育格局，使实践随着教育理论的发展向更高层次迈进。

第三，结构性系统功能的发挥，不仅取决于组成该系统的各个部分本身，而且还取决于各个部分的结构形式。系统的总功能不是各个组成部分功能的简单叠加，而是各个部分功能的有机结合。

这一理论要求我们要立足于从要素、结构、功能与所处环境的相互联系和制约关系中，分析系统中各要素的结构功能，有意识、有目的地使系统内部各要素达到最佳建构和配置，以求系统形式结构最优和功能最优的整体效应。

因此，要做好以下几个方面的工作：家庭、学校和社会之间的沟通、合作与融合；高校内部各个工作部门、各个岗位之间的协调、有机结合；高校德育工作中的目标、内容、途径、方法、管理和评价等因素合理配置，整体联动，构建一个和谐的大德育工作系统。

二、新时期高校德育创新的原则

（一）主体性原则

所谓主体性原则，就是指在高校德育工作过程中，始终将大学生置于主体地位，始终把大学生看成是德育活动的主体，注重培育和造就大学生的主体性。

把学生作为学校教育的价值主体，确立学生在高校德育中的主体地位。转变将学生仅仅作为教育和管理的对象的现象，坚持以学生为根本，以学生为核心，以学生为目的，尊重学生，理解学生，关爱学生，把促进学生的成长、成才作为高校德育的根本价值取向。

把学生作为学校教育的动力主体，激发学生自我教育的积极性。转变过多地强调教育管理工作者的主导责任，而对学生的主体作用和自我教育重视不够的现象，致力于唤醒学生的主体意识，激发学生的主体热情，调动学生的主体积极性，在课堂教学、校园文化、社团活动、社会实践等环节中，更加充分地发挥学生的主体作用。

把学生作为学校教育的权利主体，切实维护其合法权益。转变重管理、重视对学生的义务要求，而轻服务、忽视学生权益维护的现象，高度重视学生所应具有的受教育权和公民权，使高校德育的过程，成为尊重和维护学生合法权益的过程，成为服务学生成长成才和全面发展的过程。

把学生作为学校教育的发展主体，促进学生的全面发展。转变重知识轻素质、重灌输轻发展的现象，构建科学与人文相统一的素质结构及社会化与个性化相统一的人格结构，促进学生各种素质的和谐发展。

（二）开放性原则

所谓开放性原则，是指高校德育创新必须彻底打破传统的封闭模式，在德育的目标、内容和手段等方面实行全方位开放，把学生从以往的束缚中彻底解放出来，使他们在开放式德育过程中，处于自主、自觉、自愿的状态去接受、思考、判断和分析。

1. 德育目标要体现开放性

德育目标是高校德育的指针和方向，决定了德育内容、手段和方法等的选择，在德育工作中始终起着主导性和规范性的作用。考察世界先进国家高校的德育目标，可以从中发现，“开放性”是他们德育目标的共同特色。例如，德国的德育目标是培养具有向世界开放人格的人；美国的德育目标是注重在开放式德育中发展学生的道德推理能力和创造能力，强调使个体成为有自立能力、有自信心和参与意识的自主公民。

比较中国和美国、德国的德育目标可以发现：注重开放性和个性培养，是各国德育目标的主要价值取向。他们强调在开放中培养学生健全的人格，发展学生个性，在轻松活泼中让学生自觉接受和体验德育。因此，中国高校德育目标应在现有的基础上，吸纳其他国家德育中的一些有效成分。

2. 德育内容要注重开放性

学生的道德发展是一个持续的、有内在规律的过程。因此，德育内容的开放性，应遵循学生道德发展的规律，充分考虑学生理解和接受的能力，根据时代发展和形势变化而不断丰富和更新。

首先，把道德教育内容的价值准则和规范系统向学生开放，让学生独立思考，理性选择。

其次，灵活使用不同的德育理论和教材。在遵循国家德育统一目标的原则下，根据本地和学生的实际，引进和吸纳一些先进国家的德育理论和经验，开阔学生视野，增加对全球德育发展趋势的了解。

再次，德育内容应贴近实际生活。学校应根据学生实际，定期进行一些诸如形势教育、国家方针政策教育、法纪教育、公德教育、健康教育、环保教育等活动。这些德育内容鲜活丰富，与实际生活密切相关，学生容易理解且乐意接受。

3. 德育手段要展现开放性

充分运用现代科技手段，展现德育课堂教学的开放性。如用计算机模拟一些在实际生活中涉及道德问题的个案，再组织学生进行分析、处理。用多媒体教学再现历史画面和生活情境，让学生身临其境，真切体验，增加感性认识，使开放中的德育课堂变得生动活泼、丰富多彩，提高德育课堂的教学效果。

（三）实践性原则

所谓实践性，是指高校德育创新应在开放的基础上，通过师生互动和活动体验，使德育过程成为激发学生道德思维和创造的过程，在动态中实现德育的内化、提升。

1. 德育课堂要突出实践性

德育课堂的实践性就是培养学生分析问题和解决问题的能力，使实践的过程成为学生道德自我完善成熟的过程。为突出德育课堂的实践性，要彻底革除传统的观念，打破德育课堂固定、静态、纯理论模式，将课堂融入现实生活，使德育课堂成为学生真刀真枪解决实际问题的大舞台。

首先，德育课堂的实践性，要突出教师与学生、学生与学生间的互动，在互动中交流、探讨、内化、提高。

其次，德育课堂的实践性，要突出学生动手、动脑能力的培养，使学生面对现实生活中的道德问题时，能够从容地运用自己的道德经验去解决处理。

2. 德育活动要贯穿实践性

德育活动的实践性，应注重学生在活动中的亲身体验，强调学生通过实践活动获取直接经验。高校具有德育作用和效果的活动不少。比如，新生军训、志愿服务、技术技能比赛等等。这些活动可以按照现代德育理念进行科学设计，重点开发，突出活动中学生对事物的感性认识，充分调动学生的感觉器官与心灵的双向交流，把交流中获取的感觉、感知、感情通过思想的过滤、提炼，升华到理性认识，凝结成自己的道德观点。

（四）层次性原则

所谓层次性原则，是指高校德育工作要根据不同教育阶段大学生的年龄特征和思想品德水平，确定不同的教育方法、教育目标、教育内容和教育要求等，做到因人施教、因龄施教、因情施教。

1. 要因人确定德育工作目标

高校德育工作目标缺乏层次性，将有可能导致在教育学生时，采取精英主义立场，德育工作的天平倾向少数大学生，热衷于抓“尖子”、抓典型，忽视甚至放弃了多数学生。在德育过程中重理论知识的灌输，轻道德体验、道德情感和道德意志的培养与塑造，轻行动的锻炼。在德育效果上，大学生在学校里能自觉按学校要求去做，是“好”学生，到社会则按自己的要求去做，是个“差”学生，形成“虚伪”人才。因此，高校德育工作要拟定一套基本的道德要求，努力分层次、有步骤地引导大学生从低向高、脚踏实地地从基本道德要求向较高道德追求迈进。

2. 要因人确定德育工作的广度和深度

大学生由于年龄和身心发展水平的差异，所能接受的德育内容层次的广度和深度也就不同。因此，高校德育工作要在具体要求、内容上与其相适应。极少数大学生存在厌学、心理障碍等情况，如果内容的广度和深度脱离了其实际，即使内容正确无误，其结果也必然是无效或者收效甚微。

3. 要因人确定德育工作的手段和方法

高校德育课教师必须认真研究大学生的个性特征，分清其应达到的道德水平，分清其因个体经验、阅历的不同而呈现出的不同个体道德成熟水平，对不同学生选择并实施不同的手段和方法。

第三节　新时期高校德育的创新发展

科学发展观的概念，指的是坚持以人为本，树立全面、协调、可持续的发展观，促进经济社会和人的全面发展。这一概念给处于困境中的高校德育注入了新鲜的血液，指明了新的发展方向。高校德育应以科学发展观为指导思想，进行德育理念创新、德育内容创新、德育方法创新、德育机制创新、德育评价创新、德育环境创新和加强师德，使高校德育重新焕发生机和活力，为我国社会主义现代化建设培养更多道德品质过硬的优秀人才。

一、高校德育理念创新

在高校德育创新中，理念创新尤其具有先导性和根本性。主要是树立“以人为本”的德育新理念，尊重大学生的主体地位，注重大学生个性的发展和潜能的开发，从而实现大学生全面、和谐、自由的发展。

马克思主义唯物史观把人类社会既视为一个自然历史过程，又视为人自觉活动的结果，认为社会发展是客观规律性与人的主观能动性辩证统一的过程。科学发展观把以人为本作为自己的核心和本质，把人的全面、和谐发展和社会的全面进步作为自己的出发点和落脚点，这正是对马克思主义历史主体论的继承和坚持。德育是关于人全面、和谐发展的科学。以科学发展观指导现代高校德育，必须把以人为本确立为高校德育的基本理念，进一步凸显学生在德育中的主体地位，把学生作为学校教育的价值主体、动力主体、权利主体和发展主体，紧紧围绕促进学生的成长、成才的目标，从当代大学生的思想、学习和生活实际出发，坚持德育塑造人的基本定位，并将塑造人与为了人、激励人、服务人、发展人统一起来，不断增强教育的针对性、主动性和创造性。贯彻“以人为本”的德育理念，就要做到教师与学生角色的准确定位。

（一）要破除“教师中心论”的旧观念

教师在德育教育教学过程中，既是教育者又是受教育者，这样才能做到与学生教学相长，相互提升；同时，教师的角色应由“演员”

向“导演”转变，教师要善于调动每一个学生的内在积极性，发挥每一个学生的主体能动性，使学生从被动的受教育者成为主动学习的自我教育者。要善于把这种“人本”思想体现在对学生的日常生活和学习的关心、帮助、尊重和激励上，成为学生的良师益友，准确把握学生的思想动脉，积极引导学生道德的发展方向。

（二）要树立“学生中心论”的新观念

充分发挥学生自身的主体意识，让学生在德育教育教学活动中“搭台唱戏”，成为活动的主角。这样，不仅能满足学生自我实现的心理需求，还能增强学生的价值感和成就感。学生角色成为“演员”后，原先一些社会要求就会转化为学生的自我要求，一些外在的道德原则和社会规范就会内化为他们自身的道德信念和行为准则。从而使学生由“道德他律”变为“道德自律”，自觉规范自己的行为，成为德行高尚的人。

二、高校德育内容创新

（一）德育内容创新应与时代发展相适应

传统的德育往往强调其政治性功能，关注学生的政治方向和思想品德，这无疑是十分重要的，但面对未来社会，如果还局限于此，显然不能满足社会和受教育者自身发展的需求，这种纯思想教育和政治性的品德教育将显得苍白无力。

21 世纪的德育，其目标应该从单纯的政治思想品德功能，向注重学生综合素质和个性发展进行拓展，从而符合知识经济对人才全方位的要求。德育内容将根据新世纪的世界格局，根据受教育者的特点，不断改革和完善教学内容，在提高受教育者的综合素质上下功夫，促进人的全面发展和个性的自由发挥，从而使德育理论成为一个能适应变革的综合化新体系。同时，为适应民族性教育和国际性教育的双重需要，德育工作在进一步深入挖掘和继承民族优秀历史文化传统的同时，还应把传统文化与现代化科学嫁接起来，把德育内容与世界政治、经济、文化、军事等方面联系起来，从横向和纵向两个方面不断拓展德育工作的范围和空间，从大视野、大思路去迎接世界的风云变化和发展格局，培养全面发展的综合型素质人才。

社会主义核心价值观是我国社会主义道德建设过程中的一项重要理论，具有很强的思想性、指导性和现实针对性。它集中体现了爱国主义、集体主义、社会主义思想，体现了社会主义基本道德规范的本质要求，体现了依法治国同以德治国相统一的治国方略，是中华民族传统美德、优秀革命道德与时代精神的完美结合。高校应将核心价值观教育融入德育中，切实加强和改进当代大学生思想教育工作，培育并帮助大学生树立正确的人生观、价值观和道德观。

（二）德育内容应与人才发展的需求相适应

德育在人才素质的培养中具有重要位置。德育内容创新要以新时代思想为指导，把学生培养为全面的人、独立的人、道德的人、健康的人、创新的人，即不仅要关注受教育者政治方向、思想观念等意识层面上的问题，也要关注受教育者身心健康；不仅注重受教育者知识、技能、思维培养，也要十分重视受教育者情感、意志、兴趣、需要、信仰等个性素质，以及社会责任感与社会能力的培养。

总而言之，德育不仅要为受教育者成长指明方向，还要为受教育者成长所需的个性与才能的发展提供必要的指导与帮助。

三、高校德育方法创新

（一）科学运用典型示范的方法并确立引导式德育方法

运用典型示范的方法，就是利用典型的人和事例对学生进行教育，引导学生去学习、对照和仿效。典型示范法的特点是将抽象的说理变成活生生的典型人物或事件来进行教育，从而激起人们思想情感的共鸣。

第一，深入实际，善于发现典型和推广典型，树立的典型必须有群众基础，其先进事迹必须真实可靠；第二，组织、引导学生有计划、有步骤地学习先进；第三，做好宣传工作，使学生提高对学习榜样的思想认识，端正学习态度。如参观展览、听报告会、与模范人物座谈、听先进个人介绍经验等等；第四，形成一个比、学、赶、帮、超的良好舆论环境，推动学习；第五，德育工作者自己也要把先进人物作为追赶对象，这样引导学生学习榜样才能有力量。

（二）重视校园文化建设并确立渗透式德育方法

校园文化是社会文化的一部分，是具有高等学校特点的一种精神环境和文化氛围，它包括学校的教学、科研活动，以及校风、学风、校园环境、制度建设、管理水平、生活服务等多方面的内容。大学生生活绝大部分时光是在校园文化的潜移默化作用中度过的，通过校园文化的渗透可确立渗透式德育方法。

1. 由有形教育向无形教育转化

有形教育指“两课”教育，党团组织生活，形势政策报告，以及政治学习和讨论等专门的德育活动。无形教育指校风、学风、教风、班风等校园文化的潜移默化。有形教育是必要的。但是，若在运作方式上恰当地借助于无形教育，效果可能更好。无形教育形式多样，生动活泼，寓教于美，寓教于乐，使学生在无形无声中受到熏陶和感染，校园文化就具有这种无形教育的特点，因此，加强校园文化建设，努力塑造校园精神，弘扬富有时代特色的校园精神主旋律，成为教育学生的重要力量。

2. 由有意识教育向无意识教育转化

有意识教育，是指有目的、有计划、有组织地对大学生施加思想、政治和道德影响的以理性形式出现的德育活动。无意识教育，是指体现一定价值观念和审美意向的、以感性形式出现的各种有声有色的校园文化活动及物质环境。校园文化通过提供具有教育意义的场景和活动，对大学生施加影响，使其在无意识中得到教诲。因此，在校园文化建设中，大力绿化、美化校园，发扬为人师表、尊师爱生的风气，完善校园文化设施，开展丰富多彩的社团文化活动，努力营造风清气正的校园氛围，这是使有意识教育向无意识教育转化的重要条件。

3. 由外在教育向自我教育转化

不管是有形教育向无形教育转化，还是有意识教育向无意识教育转化，归根结底，是外在教育向内在教育即自我教育的转化。作为校园文化主体的大学生，其活动的主要结果应该是他们自身的发展。为此，校园文化建设中，应该创造各种学生喜闻乐见的形式，如各种演讲赛、辩论赛、学生宿舍文明建设等，通过学生积极主动的参与，不断提高学生自我教育的能力。

（三）拓展高校德育渠道并确立体验式德育方法

实践教育作为高校德育的渠道，是近年来高校德育工作者创造的一种理论联系实际的教育方法。

这里的实践主要包括三层含义：一是指德育对象的人生实践、人生体验。例如，参观访问、社会调查、社会服务活动等；二是德育活动中的社会实践。例如，公益劳动、青年志愿者服务队；三是德育行为的践行、养成，如学生参加军训、规范管理。实践教育之所以作为高校德育的一个重要方法加以提出，主要因为下列因素：从实践上看，改革开放以来，高校德育在实践方面大胆改革，成绩显著，走出了一条成功的路子；从理论上看，实践既是德育的起点，也是德育的终点，还是德育实施的重要途径和方法，高校应重视实践教育，确立体验式德育方法。

一方面，要引导学生勇于实践。即增加学生对人生的感性认识、初始认识，建立学生的初始信念。艰辛知人生，实践长才干。为此，要让学生深入生活，了解生活的底蕴。

另一方面，要从根本上提高学生对社会实践的认识。当前，我国改革发展正进入关键时期，高校德育要突出拥护和支持改革这个时代性课题，要通过理论教育和社会实践，从根本上坚定改革的信念，正确对待改革中利益关系的调整，积极为推进改革贡献力量。为此，要适应改革开放的新发展，及时调整充实德育基地，使实践教学制度化、规范化和系列化。最后，注重德行养成。“纸上得来终觉浅，绝知此事要躬行”。一个人要养成良好的道德行为，只有理论知识是不够的，必须付诸实践，知行合一。

（四）贯彻因材施教原则并确立咨询式德育方法

因材施教，就是区分层次，因人施教，根据不同对象的特点和需要开展工作，在德育过程中，确立咨询式德育方法，融德育内容于其中，往往会收到很好的效果。从目前的发展趋势看，心理咨询不仅是一种治疗过程，更重要的是一种帮助、启发和教育的过程。咨询式德育方法是满足学生多方面的需要，是通过咨询机构在开展咨询服务的同时，兼有培训与辅导，以及评价与对策研究在内的三个相互联系的组成部分。

1. 咨询服务

它是整个咨询机构的首要任务，其内容涉及大学生有关的诸多方面，不仅是心理领域，如理想、人生、人格、社会、友谊、爱情、学习，以及某些病症，同时还涉及工作方法与能力培养、就业、择业等方面的一些咨询内容。

2. 培训与辅导

旨在按照某种特定的要求，依据人的心理形式、变化和发展的相关原理，通过一定的背景与技术手段，训练辅导某个群体或个体达到某种特定的要求，从而增加一些培养学生心理素质或其他方面的不足内容。

3. 评价与对策研究

咨询式德育方法要科学化与正规化，评价与对策研究，是必不可少的。这项工作是建立在咨询案例的积累与总结上。因此，咨询档案的建立成为首要的任务。结合高校的状况，可以进行以下几方面的评价与对策研究：一是新生基本素质的评价与分析，目的是把握学生的素质倾向性，并依此提出合乎科学的教育方法，真正做到因人施教；二是学生的基本素质评价与教育对策研究，目的在于科学地预测与把握学生的发展趋势，提出相应的教育对策，达到良好的教育效果，并为学生的择业提供指导性意见；三是常规测评内容与方法的研究，这是辅助咨询的手段，主要是通过一些量表来对学生进行评价。

（五）借助大众传播媒介实现德育手段的现代化

1. 要注重传统媒体的德育功能开发

当今时代，是一个大众传播媒介飞速发展的时代。报纸、杂志、书籍、广播、电视、电影、录像等大众传播媒介被称之为最重要的舆论工具，在注重传统媒体作用的同时，更要加强对其功能的开发，如在学生宿舍安装闭路电视，充分利用校报、广播台等，及时传播正面信息，分析热点、难点问题，帮助大学生化解矛盾，把问题消灭在萌芽状态。

2. 利用多媒体技术并增强德育课效果

信息技术、网络技术、多媒体技术，在教育领域中的运用，使传统教学手段正发生着日新月异的变化。思想教育的个别谈话式将一改传统的“直面”的形式，不受时间与空间的限制，教育者与受教育者之间的信息、思想、情感等内容的交流，将通过计算机这个中介来进行。新时代的高校德育，一方面，坚持和强化对大学生的社会意识形态教育、中华民族传统美德和优秀文化教育；另一方面，要努力实现德育课教育的现代化、多媒体化，深入研究德育课教学方法的特殊规律，开发一些多媒体德育教学软件，改变德育教学中呆板的一面，激发大学生学习的兴趣。

3. 运用现代网络技术并实现德育网络化

德育信息网络包括校报、校刊、校广播台、校有线电视台、阅报栏、宣传橱窗，特别是校园计算机网络。该网络既应当充当“把关人”的角色，尽可能过滤掉一些流入学校的消极信息，又应当发挥“天平”的作用，对一些难以过滤的消极信息进行平衡。该网络的主流应是积极向上的，阻挡、抵制网上的消极信息；要调动可以利用的校园内各种资源，或制作软件，或主动发布信息，主动向各种不良信息应战；要调动广大学生参与的积极性，让学生熟悉现代信息社会的基本运行手段和运行规则，使他们走出校园后面对信息冲击时，能显得比较成熟和从容。

四、高校德育机制创新

只有建立一套在社会主义市场经济条件下有效运转的，科学化、规范化的工作机制，才能使高校德育工作按照其固有的规律，正确有序的运行，健康持续地发展。当前，要重点健全以下四个方面机制。

（一）健全领导机制

党委是学校德育工作的领导核心，应当研究德育的指导思想、工作方针、任务和重要问题，主持制定德育的总体规划与实施计划，定期分析学生思想政治状况和德育工作情况。在党委的统一部署下，建立和完善以校长及行政系统为主实施的德育管理体制，校长对学生德、智、体全面负责。一般应明确一名副校长具体负责德育工作。可成立学校德育工作领导小组，也应建立相应的德育工作领导小组。

高校的党委宣传部、学生工作部、“两课”的教学部门、教务处、学生处、团委是组织德育实施的主要职能部门；党委组织部、学工部、人事处是德育队伍的管理部门。学校的其他相关部门都要主动参与、密切配合，真正做到齐抓共管。

（二）健全激励机制

激励机制实际上是竞争机制。建立德育激励机制，应遵循教育的外部关系规律，及时地学习和贯彻领导机关有关德育工作的指示精神和信息，以激励和调动全体教职工做好德育工作的积极性，其理论依据是施教者和受教者均有做好德育工作的内在动力。其基本途径是鼓励和保护各种形式的竞争，通过物质和精神的两种鼓励方法及责、权、利的再确定和再分配，充分调动施教者和受教者的积极性、主动性、创造性，以互相配合，互相促进，齐心协力地把德育工作搞好。

目前，大部分高校已经采取将德、智、体综合测评与学生的评优、学生贷款、奖金的发放实行挂钩的办法，也有的高校出台了对德育工作者工作成效的考评和评估的操作方案，对提高德育工作队伍的工作效果起到了促进作用。这种考核和评估要按照不同层次的工作目标，不同的工作职权确立不同的评估内容和标准，实行定性和定量结合，纵向、横向比较结合，专项考评和综合考评结合。考评结果要与物质奖励和精神奖励挂钩，通过考评合理拉开收入档次，激励先进，督促后进，及时改进工作。

（三）健全协调机制

高校德育是一个“和谐的大德育”系统，需要高校内部各个工作部门、各个岗位的协调配合。

建立有效的协调机制，动员各方面的力量，包括党政协调、教育和管理协调、专职人员和非专职人员协调，特别是后者。要明确分工、职责，处理好集中教育与分散教育、日常性教育与阶段性教育的关系，专职人员要集中精力去解决那些带有普遍性、倾向性的思想认识问题，而在具体工作过程中出现的各种思想问题，应由做行政、业务工作的同志随时加以解决。

做到协调，就要明确直接从事教学、科研、后勤等工作同志的教育职责，提高他们“教书育人，管理育人，服务育人”的自觉性，同时，要求专职德育工作者要熟悉业务，提高科学文化素质和思想理论水平。这样，才能把德育工作同专业教学工作、行政管理工作，以及后勤服务工作有机结合起来，更好地服务于德育工作。

（四）健全投入机制

德育经费要确定科目、列入预算。基本来源为政府拨给的事业费和收缴的学生培养费或学杂费。高校德育经费投入的范围，包括对学生进行思想教育的教学、管理和日常德育活动两部分。思想教育教学、管理经费投入，包括马克思主义理论课和思想品德课教学、德育专职人员和“两课”教师的培训提高、社会考察与调研、有关教研室的业务条件建设和图书资料、德育科研。日常德育活动经费投入，包括对学生的日常思想品德教育、假期和课余组织的学生实践、大型德育活动，以及用于学生和德育队伍表彰等所需经费。学校应把建设适应学生德智体全面发展的现代化德育设施、设备和活动场所、基地纳入总体建设规划，并从基本建设费和设备费中给予保证。各级政府要在德育工作“硬件”建设上给予支持和优惠，不断增添活动场所，更新设备，完善设施，从而使高校德育工作的各项方针政策真正落到实处。

五、高校德育环境创新

德育应是全社会力量共同投入完成的大工程，要遵循德育规律，建立起学校、家庭、社会“三位一体”“齐抓共管”的“大德育”格局。

（一）高校、社会和家庭各司其职

从学校方面看，幼儿园、小学、初中、高中、大学每个阶段都应很好地开展德育工作，这几个环节是相互衔接的，德育工作是一个过程，把每个阶段抓好，才能为高校德育工作铺好路，打好基础。高校是大学生成才的摇篮，营造优良的德育氛围，对大学生思想品德的形成和发展起着至关重要的作用。高校要全面贯彻和执行党的教育方针，加大德育工作的力度，全方位、全过程、多角度地对学生实施教育和影响，在各门学科教学中都努力渗透思想品德教育。高校德育工作要贯穿于学校工作的各个方面，贯穿于学校教学、科研、学科建设，以及行政管理、后勤服务的各个环节，做到教书育人、管理育人、服务于人，实现全员育人、全过程育人、全方位育人。

从社会方面看，社会的各个部门和行业，也应配合高校德育工作。大学时期是大学生世界观、人生观、价值观形成的重要时期，社会环境的优劣，对其思想道德素质培养起着重要的作用。优化社会环境应引起全社会的高度重视，需要各级党委、政府和全体公民的共同努力。

从家庭方面看，家长要时刻关注孩子的变化，多与孩子沟通、谈心，及时纠正他们错误的人生观、价值观。将孩子引向正常生活的轨道，跟上时代潮流。

（二）高校、社会和家庭的沟通与合作

毫无疑问，在对大学生的德育教育过程中，学校、社会、家庭三

者的影响，都是不可忽视的，需要学校、社会、家庭三个方面形成一个有机的系统来共同完成。当前，高校德育工作中存在着与家庭、社会协调不够的问题，必须加以克服。

学校要主动争取家庭、社会对学校德育的支持，充分发挥家庭、社会教育的积极作用。教师要主动联系家长，建立家、校联系制度，互通学生有关情况，使学生的教育不留“盲点”；同时，使家长的意见及时得到反映，促进学校德育工作和家庭德育工作有针对性地开展。

学校应充分开发、利用社会丰富的德育资源，开展德育工作。通过校企合作、产教结合等形式，多渠道创建校外德育基地，紧密结合学生学习的专业实际，聘请有关人员为校外德育辅导员，并定期请他们来校讲课，通过走出去、请进来，开阔学生视野，使培养出来的学生适应社会的需要。学校应该定期对学生进行追踪调查，了解社会对人才培养的要求和学生适应社会的情况，以改进高校德育工作。

六、加强师德建设

在高校德育中，教师作为人类灵魂的工程师，发挥着主导作用。一个学校的教师师德状况如何，不仅可以反映出该校教师队伍素质的高低和教学质量的好坏，还直接影响着师生的精神风貌和学校的整体文明程度。在学校德育工作中，衡量德育效果的高低，通常是看德育目标转化为个体品质的程度。如果教育培养目标的要求能够转化为学生个体的素质，那么德育工作就达到了预期的效果。德育效果一方面与受教育者的接受程度有关；另一方面，也与教育者自身的思想修养有关。教育的一般规律告诉我们：教育是教育者和受教育者的双边活动，且教育者在活动中起重要作用，也就是说，在德育工作中，教师队伍的师德状况是决定德育效果的主要因素之一。这是因为教育具有以人格培养人格，以灵魂塑造灵魂的特点。长期的教学实践表明，教师良好的思想观念、品德修养，对学生的健康成长具有重要的导向作用和潜移默化的影响作用。

制度建设是教师队伍建设的基础。俗话说，没有规矩，不成方圆。良好师德的养成是一个渐进的过程，既要靠自律，也要靠他律。在师德建设中，既要重视思想教育的作用，又要从制度上加以严格的约束和管理，督促教师自觉履行教书育人职责。

当前，加强师德建设可以考虑重点制定和完善以下几项制度：

（一）师德学习培训制度

首先，政治素质的培训。主要包括：政治理论教育、时事政策教育，法律法规教育等。当前，要重点加强对各项政治理论重要思想的学习，以及党的有关路线、方针、政策和重大时事政治的学习，使广大教师坚定其政治信念。

其次，道德素质的培训。主要包括：公民道德规范教育、教师职业道德教育，学术道德教育等，提高广大教师爱岗敬业，忠于职守，教书育人，为人师表的自觉性。

再次，业务素质的培训。主要包括：学习教育的新理论、新观念、新思想、新知识、新方法等。通过业务素质的培训，使广大教师不断提高教育理论修养、知识水平、教学能力，从而更好地担负起教书育人的职责。

（二）师德考评监督制度

充分发挥师德考评和社会监督作用，是提高师德水平的重要保证。"人非圣贤，孰能无过"，有了他人和社会的监督，使教师更加注重自己的一言一行。对教师师德的考评，也是对教师德才表现和工作成绩的综合检查，对教师本身的发展有着重要的影响作用。高校应采取民主公开的方法，建立健全教师自评，教师互评，学生评价和领导评价相结合的考评机制，使教师更清楚地认识到自己的形象，从而督促自己在任何时候都要做到为人师表。

（三）师德激励约束制度

良好师德的形成，既要靠学习教育来培养，也要靠激励约束制度来规范。学习教育是基础，激励约束则是必要手段。激励就是表彰先进，树立榜样，建立师德标准；约束就是对违反师德的教师，按照规定严肃处理，对于品德不良，师德败坏，社会影响恶劣的，坚决取消其教师资格。从而使教师在相关制度的约束下，自觉规范自己的言行。通过以上这些方面，从而确保师德建设取得实效。

（四）师德内化自律制度

提高师德修养，离不开外部的条件和作用。但是，主要还是依靠教师自身的主观努力和高度的自觉性。师德修养就其本质来说，是教师内心的自我认识、自我教育、自我提高。因此，建立师德内化自律制度，十分重要。内化就是教师将社会约定的职业道德规范转化为教师自身的行为准则，将外在的约束和要求转化为自身道德修养的过程；自律就是无论是否有外在的约束或监督，教师都能严格要求自己，自觉自愿地遵守规范。内化自律制度的建立，使得教师在行动中遵守师德规范时，内心会感受到欣慰和愉悦；如果违背了原则，就会内疚和自责，从而达到“慎独”自律这样一种高度自觉的道德境界。

七、德育评价机制的创新

（一）建立多功能的学生德育评价机制

学生德育评价的目的，不仅仅在于评定学生的德育水平，对学生的德育状况有一个诊断，更重要的意义是，通过德育的评价起到鼓励先进、鞭策后进的激励作用。只有通过充分激发德育评价的激励功能，才能使学校的德育活动自始至终处于一种积极活跃的最佳状态之中。

（二）德育评价要从“单一结果评价”向“多样结果评价”转变

单一结果的评价形式，并不能反映学生多样化的状况和不同的个体特点，在客观上也不能适应高校素质教育的推行和社会对大学生多样人才的现实需求。因此，德育评价在内容上，要从单纯重视道德认知成绩的评定，转向对学生的“德”和“能”综合素质的全面考察。在结果上，要从单一综合定性等级评价转变为客观反映学生各类情况多样化的纪实评价，建立起综合性的、多样化的学生新型评价体系，积极推进学生德育评价体制的革新。

（三）德育评价要将“自评”和“他评”结合起来

在高校的育人过程中，教育者和受教育者都是主体，既要充分发挥教师在教育过程中的主导作用，也要充分尊重学生的主体地位。这是一个重要的现代教育理念。但是，在现实的学生德育评价过程中，学生往往处于较为被动的被评定地位，学生德育评价往往注重“他评”，而忽视学生对自身德育状况的“自评”，没有能充分体现和发挥学生的主体地位与作用。因此，要通过德育评价从“他评”到“自评”的转变，将两者有机地结合起来，积极引导学生把德育的外在要求转化为内在的动力，促使评价活动成为学生自我教育、自我调节的有效载体，更大地发挥德育评价的导向激励功能。

（四）德育评价要将“定性评价”和“定量评价”结合起来

在现实操作中，通过定量评价产生学生德育定性等级的办法，带有很大的不合理性。同时，由于定量评价是产生学生德育定性等级的基础，因此，学生都十分注重各项指标的得分，这往往导致高校学生德育评价，由对学生德育的诊断与激励变成学生对利益的追逐，所以，要定性评价与定量评价相结合。定量评价是指采用数学的方法，收集和处理数据资料，对评价对象做出定量结论的价值判断。定性评价是指不采用数学方法，而是根据评价对象平时的表现，现实的状态或文献资料的观察分析，直接对评价对象做出评价的价值判断，以求得对学生更客观和更全面的评价。

第三章　中华优秀传统文化与高校德育教育

第一节　德育教育概述

德育教育是高校教育教学体系的重要组成部分，是高校学生综合素养形成的前提。随着社会的快速发展，高校德育教育面临着新的挑战，在此情况下，创新传统德育教育内容与形式成为现阶段高校德育教育工作的关键。

新中国成立后，我国高校德育教育逐渐走出了一条中国特色高校德育的新路子，为保证高等教育改革发展、服务党和国家工作大局做出了重要贡献。改革开放后中国社会经济快速发展，由于大学生接受新鲜事物的能力较强，在个人主观意识层面缺乏一定的辨识能力，因此，为提高大学生的思想道德素养，需要高校德育教育在内容与形式上进行创新，同时深化高校德育教育理念的认同感，通过广泛的社会实践强化德育教育效果。

首先，进行新时代高校德育教育内容与形式的创新。高校传统德育教育以教学大纲为依据，相关教学内容多来自教材，且教学内容过于枯燥，导致大学生对德育教育丧失兴趣。传统德育教育是以教师为主导的课堂理论知识传授，学生只能被动接受，教师与学生之间缺乏有效的沟通交流，限制了学生的积极性和参与性，导致德育教育质量相对偏低。针对这一情况，高校德育教育应围绕教学大纲丰富教育资源，使之具有时代性、代表性，并坚持以学生为主体的德育教育方式，利用互联网、微课等平台进行德育教育，可有效利用大学生的碎片时间。同时，加强与学生之间的沟通交流，善于发现问题，使高校德育教育更加具有针对性。

其次，深化高校德育教育理念的认同感，通过广泛的社会实践强化德育教育效果。在过去较长的一段时间里，高校德育教育仅限于课堂，纯理论的德育教育未能使学生意识到德育教育对其成长的重要意义，最终导致高校大学生的思想道德素养相对偏低，从而不利于高校大学生的全面发展。对此，高校德育教育应当深化多层次的德育教育理念认同感，通过案例分析、情景教学等方式使大学生意识到德育教育是其参与社会活动的前提和保障。同时，基于强烈的认同感，高校德育教育还需要通过广泛的社会实践强化德育教育效果，这也是新时代高校德育教育创新的具体表现，通过社会实践，检验高校德育教育的具体效果，发现并解决大学生在德育教育中存在的问题，能进一步为高校德育教育工作的开展指明方向。

目前，“以人为本”的教育理念已经达成共识，德育内容和体系也在逐渐完善，德育方法不断创新，德育载体不断丰富，德育评价更趋科学合理，德育机制不断健全，大德育的框架已逐渐形成，高校德育教育将进入一个新的阶段。

第二节　中华优秀传统文化中的“以人为本”与德育

“天地之性人为贵”，中国传统文化特别注重人，尤其关注的是人的精神发展，发展出了重人生、讲人世的人文主义文化传统。

一、中国传统文化对“人”的关注

总体而言，中国传统文化十分关注人的存在，尤其是人的伦理精神的存在，认为这是人之为人的根本，强调人作为精神主体的能动积极性。孟子曰：人之有道也，饱食、暖衣、逸居而无教，则近于禽兽。圣人有忧之，使契为司徒，教以人伦，父子有亲，君臣有义，夫妇有别，长幼有序，朋友有信。可见，孟子认为，具有五伦道德等精神是人区别于禽兽，也即人之为人的标志。荀子将是否有“义”“礼”等视为人区别于禽兽等其他物种或生命的最重要标志。他说：水火有气而无生，草木有生而无知，禽兽有知而无义，人有气、有生、有知亦且有义，故最为天下贵也。这也就是说，人与禽兽之间的区别就在于人有义而禽兽无义。他又说：故人之所以为人者，非特以其二足而无毛也，以其有辨也。夫禽兽有父子而无父子之亲，有牝牡而无男女之别。故人道莫不有辨。辨莫大于分，分莫大于礼，礼莫大于圣王，也就是说，“礼”是人与禽兽之间的根本区别。

《礼记》中亦有类似的论述：“男女有别，然后父子亲：父子亲，然后义生。义生，然后礼作。礼作，然后万物安。无别无义，禽兽之道也。”“鹦鹉能言，不离飞鸟；猩猩能言，不离禽兽。今人而无礼，虽能言，不亦禽兽之心乎？夫唯禽兽无礼，故父子聚麀。是故圣人作，为礼以教人，使人以有礼，知自别于禽兽。”

《礼记》还将“礼乐”作为人兽区分的标志：“凡音者，生于人心者也；乐者，通伦理者也。是故知声而不知音者，禽兽是也；知音而不知乐者，众庶是也。唯君子为能知乐。是故审声以知音，审音以知乐，审乐以知政，而治道备矣！是故不知声者不可与言音，不知音者不可与言乐，知乐则几于礼矣！礼乐皆得，谓之有德，德者得也。”这里，不仅将“礼乐”视为人与禽兽之区别，还将其分了层次，认为只知“声”而不知“音”者视为禽兽，将知“声”“音”而不知“乐”者视为众庶，将知“音”且“乐”者视为君子，将“声”“音”“礼”“乐”皆得者视为“德者”，进而更对人提出了文化的要求：众庶知音而不知乐，固然高于禽兽，但更知乐的君子，显然更高于众庶，君子知乐，因故知礼，进而可以“审乐知政”，君子知乐知礼，进而有德，成为可以治理天下者。

此外，墨子还提出了“力”的原则，认为“力”也是人与动物之间的区别，他说：“今人与此异者，赖其力者生，不赖其力者不生。”

综上所言，中国传统文化尤其重视人的精神，认为人之所以区别于其他自然存在物，就在于人具有其他存在物所不具备的伦理精神，即人的主体性、创造性。正因此，人虽源于自然，却又超越于自然，可以将包括人自身在内的自然视为认识对象来认识，并能够加以利用和改造。

二、中国传统“民本”思想

在中国传统文化中，一直存在着以民为本的思想，中国古代社会的统治者很早就有“爱民”“重民”“尊民”“亲民”的意识。殷商就已有统治者指出要“重我民”，“罔不为民之承”。意即，要重视民众，没有不遵从民意而做事的。除此之外，《尚书》中还有许多关于民本思想的论述，如“安民则惠，黎民怀之。天聪明，自我民聪明。天明威，自我民明威”“民之所欲，天必从之。天视自我民视，天听自我民听”“人无于水监，当于民监”，等等。魏晋时期出现的“古文尚书”把民本思想概括为：“民为邦本，本固邦宁。”意即，人民是国之根本，人民稳固了，国家就安宁了。

春秋时期的民本思想多见于《左传》《论语》《墨子》等典籍。《左传》首先注意到民利及民间疾苦问题，曰：“天生民而树之君，以利之也。”上天为了民众的生存才树立起国君，来为他们谋利益。又曰：“亲其民。视民如子，辛苦同之。”意即国君要爱护子民，要像对待自己的子女一样来爱护，与他们同甘共苦。

战国时期，民本思想进入鼎盛阶段，商鞅将“尚农”作为国富兵强的基础，并形成“重农抑商”的政策，从而奠定了中国古代重农抑商政策的基础。此时，无论是托管晏之名而明确概括出的法家化的“民本”思想，还是老庄基于悲天悯人而形成的淡化政府权力的深邃思想，都显示出民本思潮的多角度展开和全方位推进。《吕氏春秋》将发展农业，看作是成就霸业的基础，曰：“霸王有不先耕而成霸王者，古今无有，此贤者不肖之所以殊也。”意即，要想成就霸业，必须先重视农耕，不重视农耕而想成就霸业，从古到今都没有过，这就是贤者与不肖者之间的差别，也即贤者重视农耕，不肖者不重视农耕。

而直接把民本思潮推向以道德为本位、以教化为己任的是儒家的孟子和荀子，尤其是孟子。在孟子看来，民众是天下的主体，只有民众有德，天下才会安定，社会才能发展。他系统地提出了自己的民本思想，曰“诸侯之宝三：土地、人民、政事。”而在这三宝中，尤其以人民最为重要，曰：“得其民斯，得天下矣。”他认为，只有得到人民的支持，土地才会有人耕种，国家才能安宁，政事才能取得顺利进展。因此，孟子又提出：“乐民之乐者，民亦乐其乐；忧民之忧者，民亦忧其忧。”不仅如此，孟子还主张以国民的意见作为评判和决策国事的根本依据。他说：“国君进贤，如不得已，将使卑踰尊、疏输戚，可不慎与？左右皆曰贤，未可也：诸大夫皆曰贤，未可也；国人皆曰贤，然后察之；见贤焉，然后用之。左右皆曰不可，勿听；诸大夫皆曰不可，勿听；国人皆曰不可，然后察之；见不可焉，然后去之。左右皆曰可杀，勿听；诸大夫皆曰可杀，勿听；国人皆曰可杀，然后察之，见可杀焉，然后杀之。故曰国人杀之也。如此，然后可以为民父母。”在此基础上，孟子进一步提出了所谓“民为贵，社稷次之，君为轻”的思想，认为不能以王道而行的君主是不宜为君主的，从而奏响了民本思潮的最强音。此外，孟子认为，失道的君主应该受到批评、匡正，甚至废黜。继孟子之后，荀子也提出许多振聋发聩的警告，曰：“庶人安政。然后君子安位。传曰：‘君者，舟也，庶人者，水也。水则载舟，水则覆舟。’此之谓也。故君子者，欲安，则莫若平政爱民矣”又曰：“天之生民，非为君也。天之立君，以为民也。”

受民本思想的影响，在中国古代社会，后来的历代君王都有着不同程度的重民思想，并且出现了一大批关心民众、重视民生疾苦的思想家、文学家和政治家。在近代中国，进步人士又为传统的民本思想注入了新的理论，与西方的某些思想相嫁接，成为推动中国社会向前发展的重要思想。

三、中国传统“和”思想

“和”是中华传统文化的核心价值观之一，存在于传统哲学思想、文化艺术乃至于社会生活的方方面面。从现代人的思维习惯看，传统文化中包括“和”在内的诸多概念，都是纠结在一起的、朦胧的，甚至带有一些神秘的色彩。完整理解、准确把握传统文化中“和”这一范畴，不能仅仅站在当今社会生活需求的角度，从趋同方面罗列其优点；也不能站在批判的立场，指出其这样那样的历史局限性与不足。应该从其发生、发展的社会历史特点去分析和解读，在全面把握其内涵的基础上，再做扬弃取舍。

（一）演进之“和”

“和”作为一个范畴，其发展脉络呈现出由个别到一般，由具体到抽象的演进轨迹。

1. 音声之“和”

“和”的本义是指声音之相应，“和，相应也，从口禾声”。《尚书·亮典》“八音克谐，无相夺伦，神人以和”中的“和”就是从其本义而言的。老子也有“音声相和”之说，都指多种声音的协调状态。

2. 调和之“和”

随着“和”的协调之义的逐步扩展，人们开始灵活运用这种状态，采取词性转换和字义引申的方法，逐步实现了其内涵的扩展、提升，赋予了其“调和”之义。《尚书·尧典》中有“协和万邦”之说，将万邦之“和”比作音声之“和”。

《左传·昭公二十年》记载了晏子关于“和”的言论：“和如羹焉。水火醯醢盐梅以烹鱼肉，焯之以薪，宰夫和之，齐之以味。济其不及，以泄其过。君子食之，以平其心。”将声音之“和”类推至调羹之“和”。《左传·襄公十一年》称：“（晋侯）八年之中，九合诸侯，如乐之和，无所不谐。”更能说明这种转换与类比。

3. 礼义之“和”

礼、义是儒家所倡导的人与人之间关系的集中体现，是其理想社会秩序的两大重要维度。孔子说：“礼之用，和为贵。”《礼记》中有“乐者天地之和也，礼者天地之序也，和故万物皆化，序则群物皆别”的说法，将“和”作为礼的理想状态而提出来。在义的方面，《周易》

中有“利者，义之和也”之说，其解释为“利物，足以和义”。此外，荀子也有类似说法：“故义以分则和，和则一，一则多力，多力则强，强则胜物。”认为义也需要“和”。

4. 生物之“和”

“生”在传统文化中具有十分重要的地位，将生的功能赋予“和”，是其范畴发展过程中的重大突破，正确处理“生”的功能与协调状态之间的关系，也是“和”的实践过程中的一件大事。《国语·郑语》记载，周太史史伯时讲道：“和实生物，同则不继，以他平他谓之和，故能丰长而物归之。若以同稗同，尽乃弃矣。故先王以土与金、木、水、火杂以成百物。”这里，主要讲了“和”与“同”的差异主要在“生”。“和”之所以能生，是因为一物之“生”由多种因素构成。如果仅有一种因素是不可能“生”物的，是不可能继之以长久的。《荀子·天论》中“万物各得其和以生，各得其养以成”，也将和与生联系到了一起。就社会状态而言，和谐的氛围，和平的环境，更有利于各行各业的发展；就自然环境而言，风和日丽、风调雨顺，则预示着丰收的年景。这应该就是“和实生物”的内涵。

5. 内在之“和”

老子将“和”与生命体的内在状态联系起来，为“和”的发展开辟了新的领域。老子说：“道生一，一生二，二生三，三生万物。万物负阴而抱阳，冲气以为和。”他还说：“含德之厚，比于赤子。毒虫不螫，猛兽不据，攫鸟不搏。骨弱筋柔而握固。未知牝牡之合而朘作，精之至也。终日号而不嗄，和之至也。知和日常。”这样的状态，被老子认为是万物普遍的恒常姿态。

6. 中和之“和”

如果说，前面的“和”都是专有所指，那么，从这里“和”就开始走向抽象化、概念化。《中庸》说：“喜怒哀乐之未发，谓之中；发而皆中节，谓之和。中也者，天下之大本；和也者，天下之达道也。致中和，天地位焉，万物育焉。”这里的和，已然超越了前面所有的状态与功能，作为“道”的普遍性标准用于天下。

7. 太和之“和”

“和”而至于“太”，是从本体论层面而言的，源于《周易·乾卦》“保合太和，乃利贞气。”北宋张载认为：“太和所谓道，中涵浮沉、升降、动静、相感之性，是生絪缊、相荡、胜负、屈伸之始。其来也几微易简，其究也广大坚固。起知于易者乾乎！效法于简者坤乎！散殊而可象为气，清通而不可象为神。不如野马、絪氲，不足谓之太和。”

（二）发生之“和”

“和”植根于中华文化的土壤中，传统文化先天带有“和”的特征。中华先民长期生活在相对闭塞的大陆环境，较早形成了大一统的社会格局，主要从事四季轮回、生长收藏的农业生产，日复一日，重复着日出而作、日落而息、完满自足、相对稳定的生活方式。农业生产对天时物候变化的依赖性很强。据记载，对四季变化的节气的认识早在夏朝即已形成。“先天而天弗为，后天而顺天时”，长期的农业生产实践左右了人们的日常生活，逐渐形成了人们对天地自然的依赖关系；引导着人们对自然规律的认识和把握，逐步形成整体、综合的思维方式；并通过对自然规律的效法借鉴，进而建立相应的社会秩序，这就是所谓的“天人合一”。

那么，在今天看来，这些不易把握，甚至可以说带有某些神秘色彩的模式是怎样产生的呢？

《周易》的解释是“效法”，“法象莫大乎天地”，“崇效天，卑法地”，“天尊地卑乾坤定矣，天尊地卑，乾坤定矣。卑高以陈，贵贱位矣”。老子的解释也是“效法”，“人法地，地法天，天法道，道法自然。”所谓的阴阳、五行、八卦等，都可以说是这种“效法”的结果。

我们可以对这些熟知而又陌生的思维模式做种种推测，但其主旨应该是不变的，那就是农业生产所形成的生、长、收、藏规律的默契于心，所谓“春生夏长，秋收冬藏，天之正也，不可干而逆之，逆之者虽成必败”。这其中，“生”的位置又是十分特殊的。在中国传统文化中，“生”才是宇宙的真谛，如“天地之大德曰生”“生生之谓易”“道生一，一生二，二生三，三生万物”“天何言哉，四时行焉，百物生焉气”等。虽然“生”只是代表四季中的一季，但人们对它的重视显而易见，中华文明之所以能够绵延不绝，其始点应该就在于此。

那么，作为四象之一的“生”怎样才能做到长久呢？老子的办法是“弱”，他提出“反者道之动，弱者道之用”“人之生也柔弱，其死也坚强，万物草木之生也柔脆，其死也枯槁。故坚强者死之徒，柔弱者生之徒”。老子认为，“强”只能强在一时，就像疾风暴雨一样，只能在朝夕之间，而“弱”才能够生生不已。这里的“弱”不是真正的弱，是辩证的，是以战胜自己为先决条件的，是可以胜强的。所谓“天下莫柔弱于水，而攻坚强者莫之能胜，以其无以易之，弱之胜强，柔之胜刚，天下莫不知，莫能行”。就强与弱来衡量，儒家文化也不属强的范畴。“儒”之本义就有文弱之意，儒家所追求的理想人格“文质彬彬，然后君子”，也不是“强者”的形象。“象”的方式，“生”的追求，“弱”的态势，所有这些，都可以说是“和”的根源所在。

与西方文化相比，中国传统文化“和”的特点更为明显。在处理人与自然的关系上，西方文化强调的是征服自然、改造自然、人为自然立法，而中国传统文化则是以效法自然为前提；在处理人与人的关系上，西方文化遵循“物竞天择，适者生存”的竞争法则，中国传统文化则以和谐、和睦为基调；在处理国家与国家的关系上，西方近代史推行的是向外拓展、向外扩张的殖民主义，中国传统文化强调的是修文德以服人、强调处下以接纳人；在自我的价值取向上，西方文化崇尚英雄史观、追求外在的强势，中国传统文化强调克己功夫、自胜者强，追求人性的内在超越；在认知规律的把握上，西方文化注重对立面的矛盾与斗争，中国传统文化强调对立面的相交相生。

（三）辨析之“和”

在“和”的对立面问题上存在多种观点。一般认为，“和”的对立面是矛盾、是斗争、是异。确实，相对于矛盾的另一面“同一性”而言，“和”与“矛盾性”的对立更为显见。但是，在中国传统文化中，首先强调的却是与“同”的差异，如“和实生物，同则不继”“君子和而不同，小人同而不和”“和而不流”等，所以，“和”一定不是“同”。“和”既不是“同”也不是“异”，那么，它究竟是什么呢？“和”在“同”“异”之间，是“同”与“异”对立双方既不同一，又不排斥的一种状态；是对立双方相交、相融，相互作用的活泼的中间状态：是既反对过也反对不及，既反对此也反对彼，既反对动荡不安，也反对死气沉沉的“两条路线的斗争”；是“执其两端用其中于民气这个状态”可以指向具体的事物现象，如一个人，一个群体，一个国家，一个社会，也可以是万事万物所蕴含的规律，如道、太和、阴阳、三才、五行等。它的最大特点是，因和而生，不是死水寸潭。通过对立双方调和、融合，相生相克，进而实现生生不息。

“和”是动态变化的，而非静止不变的；是相对的，而非绝对的；是开放的、兼容的，而非封闭的、唯我的。有和谐就有不和谐，暂时不和谐，长远看仍然是和谐。

例如，《周易》六十四卦所展现的事物波澜壮阔的过程，虽然其间有诸多不和谐的因素、环节，但其整体仍然是和谐的，仍然是生生不息的。并且这个过程不是封闭的，而是开放的，其终点不是“既济”，不是绝对的“和”，而是“未济”，向着未来不断演进升华的。

“和”还表现为一种价值趋向。一个国家，一个民族，一个人，都有自身的目标和追求。是以强者的姿态出现，去征服自然，改造自然，为自然立法呢？还是尊重自然，融入自然，效法自然，追求人与自然的和谐发展呢？

中国传统文化肯定的是后者。“和”还是建立在哲学认知、社会实践、人生体验之上的审美追求，所谓“天地有大美而不言”。就个人而言，如《周易》所说的那样：“君子黄中通理，正位居体。美在其中，而畅于四支，发于事业，美之至也。”通过内在超越，进而实现外在的事业，这样的人格才是美的；就社会而言，每个社会中的人都能够做到"甘其食，美其服，安其居，乐其俗"，都不断完善自我，不追求奢华的物质生活，这样的社会环境能说不美吗?

完整理解中国传统文化中"和"的内涵，仅从认识角度泛泛而谈，是不够的，需要我们用切身体验去丰富它。"和"的实现也不是一蹴而就的，而是"苟日新，日日新，又日新"，需要我们不懈地去努力实现它，而非抱定既成事实和现有状态停滞不前。"和"的存在是以"对立"为前提的，没有矛盾就没有和谐，"和"的实现也必须有足够的斗争实力为保证。回避矛盾，回避斗争，单纯"为和而和"或者"以和求和"的方式，注定要失败。当今我国正处于变革时期，经济发展所带来的两极分化、社会问题多发等矛盾，日益显现出来，"和"的重要性越来越为人们所认同。但是，美好的愿望不会自行实现，是需要我们刻意去追求的，为了实现这一目标，必须与自然环境、社会环境、自身内在的环境，一切被认为不合理的东西去"斗争"，不如此，不足以实现这一梦想。让我们共同努力，去创建"八音克谐"、生生不息、共同发展的美好家园。

四、"厚德载物"伦理价值观

"厚德载物"语出《周易·象传》"地势坤，君子以厚德载物"。意思是说大地的形象，就是坤卦的象征。大地以丰富的养料滋养万物，以博大的空间包容万物，以深厚的基础承载万物。有道德的人应该效法大地，胸怀宽广、无所不容，诚实谦虚、智慧善良，以自己的宽厚美德肩负天下大任，成就盛德大业。

“厚德载物”的“重德”文化，是中国古代先哲界定天下之所以为天下的信仰之源，国家之所以为国家的合法性之源，人之所以为人的人性之源。从天下伦理来说，得天下要“以德配天”，天命的得失要以“天德”来衡量，这是天下之所以为天下的信仰之源。

从国家伦理来说，无论是诸侯之国，卿大夫之家，其存在的合法性基础是“明德”，这是国家之所以为国家的合法性之源。从个人伦理来说，君子安身立命的根据是“盛德”，只有具备“盛德”，才能成就“大业”，这是人之所以为人的人性之源。特别是“盛德”之人，通过努力创业、敬业、合作，为天下人带来恩惠幸福，从而实现人之所以为人的至善价值，乃是显现一个大写的“人”——君子之所以为君子的本质规定。“厚德载物”是中华民族伦理的重要内容之一，是中华民族精神的重要特征之一，是中国哲学价值观的核心内容之一。

“周虽旧邦，其命惟新”。“厚德载物”的伦理价值观具有重要的现代意义。在中华民族科学理性日益昌明、经济发展日益繁荣的关键时刻，要作为大国而崛起，如果没有伦理价值观的强力支撑，发展是不能长久、不能广大的。所以，“厚德载物”这个古老的伦理价值观不能在中华文化的血脉中流失，中华文化复兴，须臾不可离开天下之所以为天下，国家之所以为国家，人之所以为人的文化根基——“厚德载物”伦理价值观。

“厚德载物”伦理价值观标志着周秦时代中华民族主体道德意识觉悟，标志着周秦时代中华民族崇高的使命意识和崇高的理想信念。“厚德载物”伦理价值观贯穿于周秦汉唐以来中华历史的进程，这种伦理价值观依然具有重大现实意义。

（一）“厚德载物”伦理价值观的现实意义

从主体意识来说，“厚德载物”伦理价值观是中华民族之所以成为中华民族，中国人之所以成为中国人，而区别于他族他人的文化标记。就像历史上的希腊哲人崇尚理性，以知识为美德，形成“重智”的文化性格；历史上希伯来圣徒信仰上帝，以救赎为目标，形成“重神”的文化性格；历史上的中国哲人崇尚德行，认为“大学之道，在明明德，在亲民，在止于至善”，形成了“重德”的文化性格。这种“敬德保民”“厚德载物”的“重德”文化性格，是中国人的一种崇高的人文精神。立德就是明德，就是亲民，就是把人的价值放在第一位。其现代意义在于：

1. 就经济活动而言

“厚德载物”就是坚持以民为本的价值观。在现代社会中，生产过程是产品和服务的产生，而产品和服务生产的目的是为了人。把“民生”放在第一位，称之为“义”，而把“利润”放在第一位，称之为“利”。“厚德载物”以人为本的价值观就是“重义轻利”。就企业而言，企业的使命就是将顾客价值放在第一位，其次是员工的价值，然后考虑股东以及其他相关者的利润，将“利润”看作是为顾客提供了产品和服务的一种回报。

2. 就政治活动而言

“厚德载物”就是坚持立党为公、执政为民的价值观。中国古代形成了“礼仪之邦”的国家伦理，得民心，重民轻财、民为邦本，甚至是“民为贵，社稷次之，君为轻”。《尚书·蔡仲之命》有：“皇天无亲，唯德是辅。”《离骚》有：“皇天无私阿兮，览民德焉错辅。”在他们看来，上天并不偏爱一家一姓，而是辅助有美德的人。这种民心为本的价值观，在现代社会中也具有现实意义。社会主义民主政治的建设，涉及全体社会成员的根本性、全局性问题，如管理社会公共事务、维护社会秩序协调，保护生存空间安全，开展对外交往，防止外来侵略。所有这些活动的目的，都是要将人民的价值放在第一位，取得民心。立党为公，执政为民，这是政治合法性的基础。

3. 就文化活动而言

“厚德载物”就是把人的自由和全面发展作为根本目的。“厚德载物”伦理价值观在文化活动上，要求在价值理性与工具理性的选择上，把价值理性放在第一位，不是把人当作工具，而是把人当作目的。欣赏美妙音乐的耳朵，欣赏美术作品的眼睛，追求至善的心灵，追求真理的信念，都与文化熏陶和教育有密切关系。“厚德载物”就是要使人对艺术的审美、德行的完善和真理的信仰有较高的追求，唤起人的主体能动性。修身、齐家、治国、平天下的人文素质，使人得到自由与全面的发展。

（二）“厚德载物”伦理价值观的人生使命意义

“厚德载物”伦理价值观追求“盛德大业”或“崇德广业”。这是一种崇高的人生使命意识，这一人生使命意识具有现代意义。

第一，“厚德载物”伦理价值观要求成就“盛德大业”，将人引向崇高的敬业精神。《周易·象辞上》说，“天道显现它的仁爱，潜藏它的功用，鼓动万物却不和圣人一起操劳担忧，隆盛的美德，伟大的事业，可以说是达到极限了！”还说：“易，那是至高无上的！所以，它是圣人用来弘扬美德而开拓事业的。智慧在于高明，礼义在于谦卑，前者效法天，后者效法地，二者的地位确定了，易的变化运行就在其中了！”追求德行的长久、事业的壮大，这是一种敬业精神的世界观。就主体方面说，有盛德就能凝聚人心，团结各种力量，使事业长久；就客体方面说，事业能取得成功，就能激励人不断前进，把事业发展壮大。在“盛德大业”的思想中，德业不是分离的，也不是重德轻业，而是德与业的相辅相成，相互统一。“德”通过“业”而体现，“业”通过“德”而成全，二者不可分离。离开了“业”的“德”是空洞的道德说教；离开了“德”的“业”可能利己害人，甚至害人害己。只有“盛德”与“大业”“崇德”与“广业”的统一，才能“以德配天”，实现崇高的人生使命。

第二，“厚德载物”伦理价值观要求成就“盛德大业”，将人引向勇于开拓创新的精神。《周易·象辞上》：“盛德大业，至矣哉！富有之谓大业，日新之谓盛德，生生之谓易。”成汤之铭：“苟日新，日日新，又日新。”可见，开拓创新是中华民族几千年的古训，是中华民族精神的灵魂，也是中华民族得以发展的动力。因为世界就是一个变化之流，就是一个新陈代谢的过程。开拓创新精神就是与时俱进，适应世界上各种事物的演变过程，永不停留。尤其是进入信息时代、知识经济时代，全球化的竞争，使得创新能力成为取得成功的法宝。理论创新、制度创新、技术创新，成为现实的需要。这就要求打破旧的理论框架，打破陈规陋俗，打破落后的思维方法的局限，进行“创造性破坏”，创造出新的东西来。开拓创新精神从其思维形态上说，是一种超越的理性主义，它超越常人的意识与思维，发现宇宙的真理和奥秘；超越常人的意志与判断，捕捉各种成功的潜在机会；超越常人的感觉与情感，发现潜在的价值与利益，把生产力和资源的产出从较低的领域转移到较高的领域去。

第三，“厚德载物”伦理价值观要求成就“盛德大业将人引向群体合作精神。”在上古社会，人类的合作是在“九族”的范围之内，也就是氏族之间的协作；在中古社会，人类的合作是在五伦范围之内，即父子有亲、君臣有义、长幼有序、夫妇有别、朋友有信；而在现代社会，人类的合作则超越家庭、民族的限制，进入到世界市场和全球化范围。人们打破了人的依赖以及对共同体的依赖，在物的中介即商品、货币、资本的基础上，通过血缘、地缘、业缘、物缘、神缘开展广泛的联系，这就需要一种兼容并包的合作精神，扩展自己的生存空间。

（三）“厚德载物”对于克服现代社会异化的意义

“厚德载物”伦理价值观要求像大地那样滋养万物、养育人类、承载万物、容纳人类。它要求在社会生活中将人的生存和发展作为根本价值，反对将人创造出来的知识体系、物质财富或权力体系作为统治人、控制人、残害人的工具。因此，“厚德载物”伦理价值观对于克服现代社会的科技异化、经济异化以及权力异化等造成的矛盾冲突，对于构建和谐社会、和谐世界，具有重要意义。

第一，克服现代科学技术的异化，以“厚德载物”精神造福人类。

现代科学技术已发展到了原子能时代。作为人类认识自然、改造自然的伟大工具，科学技术已成为现代社会的第一生产力。可是，如果缺失了“厚德载物”的价值理性，科技的非人性化使用也许会带给人类巨大灾难。

第二，克服市场经济中的失德行为，以“厚德载物”精神成就“盛德大业”。

在传统社会，依靠暴力、掠夺、欺诈、盗窃等悖理失德手段发财致富的人在世界各地屡见不鲜，“财富之路”似乎与“美德之路”是背道而驰的。

经济理性是通过和平的利用交换机会，以科技理性为手段、以严密的经济核算为工具，获取最大限度的利润。经济理性的核心是主体理性，它可以调动人的内在占有欲，通过利益机制激发创造财富的热情，但也容易引起人际关系的冷漠无情、紧张对立，引发阶级矛盾和斗争，造成社会政治经济危机。

经济德行与经济理性不同，它是以精神利益、声誉收益乃至终极价值的最大化为目标，通过利他和互利来谋求企业共赢共荣，从而获得长远的、广泛的利益。

五、孝悌为本

孝悌本源于原始的血亲之爱，至西周而成为一种正式的人伦规范和礼仪制度。它不仅涉及家庭伦理，还与社会伦理有密切的关系，所以具有超越时空的特殊性。古往今来，中国文化圈内，孝悌都受到了特别的重视。孝悌文化已作为一种民族道德观念和文化心理，深深地积淀在中国人民的心中。在建设社会主义新道德的今天，必须汲取传统孝悌文化的精华，树立一种尊老爱亲、长幼有序、家庭美满、社会和谐的社会主义新风尚。

（一）能培养人的感恩意识

1.心怀感恩

人是文明的动物，善心不可无。人也是感情的动物，感恩之心应有之。中国绝非没有“感恩”的传统，文人曾留下“谁言寸草心，报得三春晖”的动人诗句，民间不仅有“滴水之恩，涌泉相报”的谚语，还有“衔环结草”的故事。这些，都是感恩回报的例子。古代文化中也一直将乌鸦反哺、羔羊跪乳作为感恩的象征。

感恩，是个既亲切而又有些陌生的词。说它亲切，是因为感恩是中华民族的传统美德之一。“谁知盘中餐，粒粒皆辛苦。”“恩欲报，怨欲忘；报怨短，报恩长”，这样的诗词俗语传承着中华民族对感恩的认同和崇尚。感恩，是社会上每个人都应具有的基本道德准则，是做人的起码修养。一代一代的人们也正是从上代而来的血缘关系中，将这种源自人性的真爱与善美发挥到极致，并推及宗族、群我，传承了代代的伦理之爱，和谐了社会生活秩序。说它陌生，是因为曾几何时，我们不时在媒体上看到一些知恩不报、甚至忘恩负义的事例。这些事例屡屡刺痛我们的心。当下社会正处在一个从传统向现代转型的历史时期，我们需要建构新的价值观念和生活方式，但是同时我们也需要铭记一些经典的伦理规则和情感，比如感恩。然而，处在社会转型期，一些人的感恩意识在逐渐淡化，金钱和利益的权衡代替了人与人之间的真情相助和亲情关爱。

人的一生中，小而言之，从小时候起，就领受了父母的养育之恩，等到上学，有老师的教育之恩，工作以后，又有领导、同事的关怀、帮助之恩，年纪大了之后，又免不了要接受晚辈的赡养、照顾之恩；大而言之，作为单个的社会成员，我们都生活在一个多层次的社会大环境之中，都首先从这个大环境里获得了一定的生存条件和发展机会，也就是说，社会这个大环境是有恩于我们每个人的。感恩，说明一个人对自己与他人和社会的关系有着正确的认识；报恩，则是在这种正确认识之下产生的一种责任感。没有社会成员的感恩和报恩，很难想象一个社会能够正常发展下去。

一位哲人说过，世界上最大的悲剧或不幸，就是一个人大言不惭地说没有人给我任何东西。感恩的关键在于回报意识。对于社会的恩惠，有些人麻木不仁、浑然不知或者视而不见，甚至因为自身困厄的处境而对社会心生无端的仇恨。他们不知道，感恩并不是单向的付出。感恩，让我们在施予的同时分享了生命的阳光和感动，领略了幸福的真谛，亲吻着灵魂的芳香。其实，感恩也是对自我灵魂的一种救赎。

因此，人人都要懂得感恩，善于感恩，感恩之心无处不在，感恩之情不可取代。感恩是无言的回报，学会对大自然感恩，就是感悟生命，理解生活。感恩父母，就是善待自己的生命。体验感恩，懂得感恩，善于感恩，我们将拥有整个世界。

2. 学会感恩

一个不知道感恩的民族是没有前途的民族。对孩子的感恩教育，是要从小开始的。要让感恩之心如涓涓细流浸润每个孩子纯洁的心田，让他们感激父母生养之恩，感激师长教诲之德，感激友朋关爱之谊，感激生活赐予快乐幸福甚至挫折苦难。

学会感恩，应该是对待他人的一种积极态度：学会感恩，本质上就是对他人给予自己的好处，做出回报，而不是漠视；学会感恩，是用放大镜去看别人的优点；学会感恩，是温暖的阳光，照到哪里哪里亮；学会感恩，是感情的黏合剂；学会感恩，是为了擦亮蒙尘的心灵而不致麻木；学会感恩，是为了将无以为报的点滴付出永铭于心。只有学会感恩，我们的社会才能更加和谐；只有学会感恩，人与人之间的关系，才能向良好的方向发展。

感恩实践需要我们有意识地去引导。通过家庭、学校以及社会的教育，让孩子懂得知恩，实践感恩。现在的孩子许多都是家庭的中心，他们往往都是以自我为中心。引导孩子实践感恩，其实就是让他们学会懂得尊重他人，对他人的帮助时时怀有感激之心，让他们学会关心。当子女接受并感谢他人的善行时，才能知道今后自己也应该这样做，家长有责任给子女这种行为上的暗示，让他们从小知道关爱别人、帮助别人。引导子女学会感恩，先要让他们学会知恩，理解父母的养育之恩、师长的教诲之恩、朋友的帮助之恩、社会的关爱之恩。同时还要引导、培养孩子的爱心，给他们创造一个爱的氛围，就得给孩子施展爱的机会。让孩子知道每个人都在享受着别人通过付出给自己带来的快乐的生活。

3. 感恩父母

“父兮生我，母兮鞠我。抚我畜我，长我育我，顾我复我，出入腹我。欲报之德。昊天罔极！”意思是说有一种爱，即使我们付出所有也报答不了，那就是父母的爱。

“身体发肤，受之父母”，每一个人依托父母来到了这个世界上，同时又要依靠父母的养育才能成长自立。没有父母的惠赐，就没有子女的一切。所以子女首先应感激父母，对父母的孝敬是义不容辞的、天经地义的。“受人滴水之恩，当以涌泉相报”，子女对于父母的报恩不仅仅是出于道义上的要求，也是父母与儿女之间的亲情所自然形成的内在情感需要。这应当是一种自觉的行为。曾参曾经说过：“身也者，父母之遗体也。行父母之遗体，敢不敬乎？”把身体视为父母的财产，个人虽可使用，却无损伤之权利，这是儒家孝道思想中一个极为有趣的内容。“身体发肤，受之父母，不敢毁伤”，已成为几千年来关于孝行最为流行的话语之一。“父母全而生子，子全而归之，不亏其身，不损其形，可谓孝矣。”身体是父母给的，时刻不可忘之，以此强化对父母养育之恩的感激，进而懂得对父母的孝敬不单单是义务，而且是发自内心的自觉行动。

中国是一个文明古国，自古讲求孝道。孔子言：“父母之年，不可不知也。一则以喜，一则以惧。”也就是讲，父母的身体健康，儿女应时刻挂念在心。孝，其为人之本也，一个人只有懂得感恩父母，才能算是一个完整的人。在感恩的时刻，应该第一时间感谢赐予我们生命的父母。我们并不一定要等到自己做了父母，才去理解我们的父母。所有人能提早反省，我们在世上能生存，能学习，能谈恋爱，甚至有一点点的快乐，都起源于父母的无私付出，我们才有今天的快乐。报父母养育之恩，是做人最基本的要求。

首先，是尊重父母的教导。父母所积累的人生经验是极其宝贵的，往往是我们在课堂上、书本里学不到的，他们将人生经验传授给我们时往往是不计回报、真心实意地，所以我们应该认真听取，虚心接受。

其次，懂得关爱父母。每天要问候下班回家的父母亲；当父母劳累时，请父母休息一下，帮父母捶捶背，揉揉肩，应主动帮助父母做力所能及的家务；当父母外出时，应提醒父母是否遗忘东西或注意天气变化；当父母生病时，应主动照顾，多说宽慰话。当有好吃的食物要懂得和父母一起分享等等。

再次，要努力进取，不辜负父母的期望。父母对子女最大的期望，先是成人，再是成材，最终有所成就。哪个父母不望子成龙、望女成凤呢？作为有孝心的子女应学会学习，学会处事，学会做人，不负父母的愿望，实现父母的期望，这是最重要的孝行。培养自己良好的行为习惯，以学习为乐，以刻苦为乐，发挥自己的特长，让自己的父母得到欣慰，让父母以你为骄傲，这就是我们孝敬父母的最大实际行动。

（二）能培养人的尊老意识

无论在中国或是其他国家，无论是在过去、现在或是将来，尊老、爱老、助老都是一种美德。

古有"人孰能不老，百事当以孝为先"的说法。"夫孝，德之本也，教之所由生也。"尊敬老人，关爱老人，帮助老人，乃中华民族的传统美德，是先辈传承下来的宝贵精神财富。在我们源远流长、博大精深的传统文化中，非常重视人伦道德，讲究家庭和睦，这便是我们文化传统中的精华，也是中华民族强大凝聚力与亲和力的具体体现。我国已开始进入人口老龄化阶段。切实保障老年人合法权益，让他们度过幸福、美满、安详、健康的晚年，共享人类社会发展的成果，这是社会文明进步的重要标志。

应该看到，随着社会的转型、竞争的加剧和人际关系的疏离，一些地方孝敬老人的风气日益淡薄，养老孝老情况不容乐观：有的家庭子女虽多，老人依然生活困难；有些空巢老人形单影只，寂寞无助。这是我们不能不重视的问题。孝敬老人，基础在养，重点在敬。养是物质上的保障，敬是精神上的慰藉。二者兼备，才算是真正的孝道。

一个人生于父母，长在家庭，成年后又结婚生育，养育幼儿的同时赡养父母。赡养老人是一种义务，是一种职责。孔子强调“老有所养”的理想社会，孟子也主张“老吾老以及人之老”，体现了人类发展中一种不可推卸的责任。儒家的孝道不仅重视对父母和老人的赡养，同时还高度重视对老人的尊重和关怀。其积极意义就在于从道德、亲情层面给老人以尊重和关怀，孔子说：“今之孝者，是谓能养。至于犬马，皆能有养；不敬，何以别乎？”先哲的教诲，道出了“敬”之于“人”的重要性。敬是一种亲情，一种眷恋，一种温馨，一种精神上的关怀。老年人需要精神上的关爱，不仅在于他们作为“人”而需要关怀，更在于他们因步入晚年而在心理上有更多的精神渴望。人到老年，既是思想上最成熟的时候，也是心理上最脆弱的时候：既有荣誉感，也容易有自卑感；既有宁静感，也容易有孤独感；既有恋子之情，也容易有厌世之心。在这种情况下，比衣食住行更重要的是精神慰藉。对此，我们要知老人之心，察老人之意，解老人之惑。因此我们应该做到“居则致其敬，养则致其乐，病则致其忧”。目前我们生活在市场经济不断发展、物质生活丰裕的时代，但是一些地方老人们越来越感到孤独、寂寞，越来越感到缺少亲情和天伦之乐。虽然现代社会的养老制度正在不断完善，但它所强调的只是制度和规则，缺少道德情感方面的关怀。因此儒家这种亲情为基础的道德标准，正是构建现代社会养老制度的最有益补充。

当然，在尊老敬老中还应当包含这样一种内容，即“事父母几谏”，父母有了错，子女应该进谏加以纠正，但必须掌握进谏的适当时机，运用委婉的言辞以期父母乐意接受。谏诤是一种特殊的孝行，谏诤是善意的。作为子女能在父母有不义行为时，不是听之任之，而是以谏诤的方式劝阻他们，使他们及时“匡救其恶”，既维护了家国的总体利益，也维护了父母个人的形象和荣誉。孟子有“不孝有三”之说，其一是指“曲意阿从，陷亲不义”，很明显，对父母的曲意阿从，毫无是非观念，不为谏诤，自然会陷亲于不义，足见谏诤的重要。

弘扬中华民族“尊老敬老”优良传统，引导和帮助老年人建立“老有所养、老有所医、老有所教、老有所学、老有所为、老有所乐”的健康生活方式，发挥余热服务社群，健康愉快地度过每一天，让老年人安享幸福晚年，使老年人真正感到没有孤独感，是构建社会主义和谐社会的重要体现。

（三）能促使家庭和社会的和谐

在当前时代，国家和谐、社会和谐与家庭和谐密不可分。而家庭和谐与孝悌文化的普及程度亦密不可分。应当让更多的青少年受到孝悌的教育与感染，让中华孝悌文化绵绵不断地流传下去，为和谐社会的建设发挥作用。

构建社会主义和谐社会，是个伟大的系统工程，需要人人都做出自己的努力，需要协调社会各个阶层、各个群体的关系和利益，让绝大多数人能够友爱安定、和谐相处。由于人们各自的生活条件、知识结构和文化素养存在着差异，加之不同的利益取向，社会各个阶层、各个群体之间存在着矛盾，家庭之间、长幼之间、老年人与青年人之间也存在着矛盾，正确地解决这些矛盾，是构建社会主义和谐社会面临的重要工作。弘扬孝悌文化的功能和目的之一就是理顺情绪，化解矛盾，调节人际关系，提升人们的思想道德水平，促进家庭与社会的和谐。

在构建和谐社会的今天，更应强化孝悌文化，让孝悌文化在人文关怀中延伸，形成一种科学的、美好的道德理念，成为对民族、对人民的奉献心和事业上的责任感。大力宣传和建立孝悌文化，继承和发扬我国善待老人、孝敬父母、友爱兄弟的传统美德，不仅是建立和谐家庭的重要元素，而且也是建立和谐社会的重要基础。

首先，要充分认识孝悌文化对于保持家庭与社会和谐的重要性，真正树立起孝悌为先，孝悌为本的理念；要真正形成弘扬孝悌文化，遵守“孝悌”这一家庭美德、社会公德的自觉意识，努力为建设社会主义和谐社会服务。

其次，要充分发挥舆论的教育和导向作用，通过各种渠道，广泛宣传孝悌文化，积极营造良好的社会舆论，使遵守孝悌、崇尚孝悌文化日益深入人心。一方面，充分发挥家庭在弘扬孝悌文化中的作用。家庭具有天然的孝悌教育资源优势，孝悌文化是每一个家庭得天独厚的精神财富。家庭在弘扬孝悌文化、传播孝悌情感方面的作用和力量是其他渠道所无法比拟的。在家庭中养成了孝悌的良好习惯，有了孝悌的自律性，到社会中就有可能做到关心同事，有可能做到对祖国的忠诚。其目的就在于将孝悌观念由家庭推广到社会，并通过社会教化与社会教育结合，有效地营造一种良好的社会风尚，鼓励人们“老吾老以及人之老，幼吾幼以及人之幼”“四海之内皆兄弟”，以推动家庭和谐与社会进步。另一方面，要把“孝悌”的教育纳入学校德育体系，在学校基础教育中开展孝悌文化教育，通过多种教育方式，唤起广大青少年的“孝悌心”。因为孝悌是对一个青少年最基本的道德要求，孝悌友爱的教育是最基础的道德教育。弘扬和传播孝悌文化，需要全社会的人共同行动起来。孝悌之行，要从点滴做起，从小事做起，从爱护身边的亲人做起。要善于体会人间最为浓厚的情感，让人人都生活在友爱与温馨氛围中。

再次，“五刑之属三千，而罪莫大于不孝”。社会应该对一切不孝不悌之行为进行强烈的谴责，理直气壮地反对。要形成强大的社会舆论，批评和敦促改正不孝不悌行为。对于构成违法犯罪的，要坚决依法予以惩处。

最后，要与时俱进，不断赋予孝悌文化符合时代要求的新内容、新精神。时代是不断发展的，社会是不断进步的，孝悌文化是随着社会的进步而不断发展的。今天，我们强调家庭中父母子女之间除了血亲关系之外，还有在人格上、政治上、法律上平等的关系。作为父母，不仅要教育子女如何尽“孝悌”，而且应当注意如何向子女施“慈”。作为儿女，不仅仅要接受父母的“慈”，更应当竭力对父母尽孝悌，竭力满足父母物质上、精神上的需求。

弘扬中华民族“孝悌”文化，要继承传统“孝悌”文化的精华，加强对孝悌文化的社会宣传，对全体人民推行“孝悌”文化教育。“孝悌”文化的本质就是上下辈之间、同辈之间相亲相爱、相尊相敬的文化，是社会的最小单位——家庭——承担养老责任的文化。要让“孝悌”文化融入社会主义核心价值体系与和谐文化的建设当中，形成中国社会不同成员之间相亲相爱、相尊相敬的浓厚氛围，促进和谐社会的建设和可持续发展。

第三节　中华优秀传统文化融入高校德育的必要性与可能性

一、中国传统文化与德育教育相融合的必要性

人类的任何活动都离不开其所处的文化环境，德育教育作为一种以“育人”为目标之一的教育实践活动，同样离不开其所处的整体文化环境。正因如此，文化性不言而喻，亦成为德育教育的重要特征之一。从本质上说，德育教育的真谛就在于，为一个民族和国家构筑一个思想的支点和灵魂的休养生息之所。

（一）德育教育自身发展的内在要求

中华民族有着辉煌的文化创造和深厚的历史积淀。历经数千年的

绵延发展而从未中断过的中国传统文化，其影响力体现在广大中国民众日常的行为方式、思维模式、道德规范以及价值取向中。我国德育教育必须尊重这种文化传统、行为方式、思维习惯，以及价值取向等，批判地继承、吸收并融合具有鲜明民族特色的中国传统文化。只有这样，正确的指导方向才能真正中国化，我国的德育教育事业也才能得到进一步的创新发展。

在我国，德育教育作为一种教育实践活动，其根本目的是提高人的思想道德素质，促进人的全面自由以及自主发展。人的全面自由发展，自然而然地包含了文化素质的要求，因此，德育教育离不开对文化的关注。然而，从德育教育的整体发展过程来看，我国当代的德育教育有时候往往忽视了其文化性，从而“导致德育教育资源的单一化和教育形式的呆板化，德育教育本应具有的文化含量的丰富性与不断提升性，在有意无意中常常为我们忽略”，其结果便是“本可生动活泼的德育教育读物有时成为政策、文件、语录的简单汇编与转述，本可情趣盎然、文采飞扬的德育教育有时成为枯燥空洞的政治说教与道德说教”。这种文化性的缺失，不仅使德育教育资源日趋有限，也削弱了德育教育的育人功能，进而阻碍了德育教育的进一步发展。中国传统文化作为一种崇德行文化，在长期的历史发展过程中汇总形成了“文化化人”和“文化育德”的优良传统，使其自然而然地成为德育教育重要资源的来源之一。我国德育教育要进一步发展创新，就必须重视其文化性，必须从中国传统文化中有选择地汲取更加丰富的教育资源。换言之，中国传统文化与德育教育相融合，是德育教育自身发展创新的内在要求。

（二）“文化自觉”与“文化自信”的要求

所谓“文化自觉”，是指生活在一定文化中的人对其文化有自知之明，明白它的来历、形成过程、所具有的特色和它发展的趋向。换言之，即是文化的自我觉醒、自我反省、自我创建。所谓“文化自信”，则是指一个国家、一个民族、一个政党对其自身文化传统和内在价值的充分肯定，对其自身文化生命力的坚定信念。

世界上任何民族的传统文化有其积极的方面，同样，也有其消极的方面。一个民族的文化能否实现自觉和自信，很大程度上取决于对传统文化扬弃的客观与科学态度。对传统文化的理性批判、合理继承、勇于创新，正是“文化自觉”的本质要求。也就是说，一个民族能否对其自身的传统文化进行客观的评价和认识，关系着一个民族“文化自觉”的实现与否。中国传统文化是勤劳善良的中国人民在长达五千年的中国社会发展中创造出来且从未间断过的，这在世界文化史上是独一无二的。它不仅标志着中华民族对人类文明和历史的卓越贡献，也是中华民族区别于世界上任何其他民族的鲜明文化身份和基本族群特征。

反之，一个人如果失去对中国传统文化的认同与理解，必定会失去对自己民族文化身份的认同和归属感，进而导致思想文化上的无家可归。因此，对数千年来世代延传下来的中国传统文化能否进行客观的评价、认识和科学合理的扬弃，关系着中华民族“文化自觉”的真正实现与否。那种轻率地对中国传统文化全盘否定或异化的态度与做法，无异于对我们自身文化血脉的莽撞割裂，很容易造成中华民族的文化断层或文化“无根”现象的产生。当前，我国德育教育的重要任务之一，就应该是在正确的指导方向指导下，按照“取其精华，去其糟粕”的原则，充分肯定中国传统文化的内在价值，坚定中国传统文化的自信心，努力挖掘中国传统文化的当代价值，不断包容借鉴其他外来文化中的优秀精华，并将其吸收内化，使中国传统文化和现代德育教育优化整合，从而实现中国传统文化的现代转化和创新发展，进而真正实现“文化自觉”与“文化自信”。

（三）形成和发挥文化软实力的基本保证

文化软实力是指一个地区民族或国家的文化影响力、凝聚力和感召力，是国家软实力的核心因素。这是因为，文化作为一个国家的灵魂或血脉，凝聚着这个民族对世界和生命的历史认知和现实感受，积淀着其最深层的精神追求和行为准则，并承载着整个民族自我认同的核心价值取向。就一个民族或国家自身的发展来说，文化软实力主要表现为一种精神上的整合力，它有利于国家凝聚力的形成和民族性格的养成，有利于促进民族团结、国家统一、政权巩固和文化自信。一个国家如果对本民族或本国的传统文化缺乏自信，忽视自身文化软实力的开发和建设，那么，就等于放弃了本民族或本国的文化主权，其结果自然会导致本民族或本国人民价值取向的混乱，以及精神家园的丧失，甚至导致民族的离散和国家的分裂。因此，作为一个由五十六个民族组成的统一的多民族国家，加强对五千年来绵延发展而从未中断过的中国传统文化软实力的开发和建设，充分发挥其对全国各族人民的思想教育和价值引导作用，就显得尤为重要。

中国传统文化和世界上其他民族的传统文化一样，是植根于民族的土壤中，从总体上反映和代表着一个民族或社会的思维方式、价值观念、伦理道德，体现在人们的生活方式、风俗习惯、心理特征上，内化、积淀、渗透于每一代社会成员的心灵深处，往往凝聚为民族特有的国民性格和社会心理作为一种注重道德教化的伦理型文化，中国传统文化自身就具有显而易见的能动的德育教育功能，而我国德育教育本身所具有的文化属性和民族属性，也使其无法离开五千年来中国传统文化留下来的优秀精华。因此，中国传统文化软实力要最终实现其对外的亲和力、渗透力，以及对内的凝聚力和塑造力，则必须通过思想教育和引导的方式来进行和完成。中国传统文化和德育教育的有机融合正是中国传统文化软实力得以形成和充分发挥的基本保证。

（四）探索德育教育新路径的必然选择

德育教育具有文化属性，需要以文化为依托。中国传统文化与德育教育相融合，是应对目前德育教育存在的困境，探索德育教育新路径，提高德育教育实效性的必然选择。当前，在全球化时代背景下，多元文化并存态势越来越明显，大学生的价值观念、思维方式和行为方式都较以前发生了剧烈变化，这对高校德育教育提出了严峻挑战。

一方面，目前，我国大部分高校的德育教育主要还是通过课堂教学来进行，而且在德育教育课堂教学过程中，教学内容单薄枯燥，授课模式单一简单，教学方式往往采用社会学、心理学等学科方面的知识与技术，表面化和浅显化地临时解决问题，而对中国传统文化的挖掘和运用不够重视，即使运用中国传统文化为依托，也大多停留在“机械融合”或“单纯说教”式的灌输层面，没有深入考察中国传统文化的实质内涵、时代背景、阶级立场等因素，这些都使得中国传统文化在德育教育中的运用和渗透非但没有达到预期效果，甚至在某种程度上，淡化了学生民族自信心与自豪感，削弱了中国传统文化在德育教育中的重要应用价值，德育教育的有效性也大打折扣。

另一方面，当前在全球化时代的背景下，多元文化交流频繁，并存态势日趋明显，各种价值观论调不可避免地对大学生的生活态度、思想观念产生严重影响。很多学生既没有真正了解外来文化、思想、观念之精髓，又没有深刻领会中国传统文化、思想、观念之精髓，因此，在多元文化的碰撞中，他们的价值观极容易走向偏激：在学习上，他们往往只重视能够谋生的课程的学习，而忽视精神层面的储备，对德育教育课程亦不屑一顾；在生活上，他们更愿意追求金钱与物质的利益；在精神上，他们则只考虑自己，不考虑集体和他人，缺乏对共产主义的理想与信仰，缺乏对人生目标的冷静思考，缺乏对良好的道德品质和人格修养的追求等。我国以往惯常以说教和灌输为主的德育教育模式，无法及时对这些问题提出行之有效的解决方法，而中国传统文化中的优秀精华，也因大学生对其知之甚少，而无法发挥其在德育教育中应有的积极价值作用。

因此，要真正发挥中国传统文化在高校德育教育过程中的价值作用，摆脱高校德育教育所面临的困境，必须具有高度的文化自觉意识，探索建立中国传统文化与德育教育有机融合的最佳机制。

二、中国传统文化与德育教育相融合的可能性

中国传统文化与德育教育在教育目标方面设置都直接指向人，指向人的思想道德素质的提高。同时，它们在目标的最终指向属性上都回归到政治属性上。这体现了二者目标的一致性。除了在目标设置与指向属性有着一致性之外，中国传统文化与德育教育在内容方面也存在着许多相通相合之处。而二者在教育模式方面的不同，则使二者有了很强的互补性。这些都为中国传统文化与德育教育之间相融合创造了重要的可能性条件。

（一）价值观的契合之处

社会主义核心价值观是社会主义核心价值体系的内核，其基本内容包括：倡导富强、民主、文明、和谐；倡导自由、平等、公正、法治；倡导爱国、敬业、诚信、友善。积极培育社会主义核心价值观是促进中国传统文化与德育教育相融合的重要条件之一。

其中，富强、民主、文明、和谐，是我国在社会主义初级阶段的奋斗目标，体现了社会主义核心价值观在发展目标上的规定，是立足国家层面提出的要求。自由、平等、公正、法治，体现了社会主义核心价值观在价值导向上的规定，是立足社会层面提出的要求，反映了社会主义社会的基本属性，始终是党和国家奉行的核心价值理念。爱国、敬业、诚信、友善，体现了社会主义核心价值观在道德准则上的规定，是立足公民个人层面提出的要求，体现了社会主义价值追求和公民道德行为的本质属性。

社会主义核心价值观三个层面的要求也为我国的德育教育指明了方向，它要求德育教育必须在理念上进行全面的更新，树立“以人为本”的教育理念，其体现在德育教育实践中，就是要以个人的发展需求为本，教育内容要以社会主义核心价值观为主导，教育方法要尊重个体差异，教育途径要吸纳隐性教育的优势等。

而中国传统文化作为中华民族历经五千余年的演化而汇集成的一种反映民族特质和风貌的民族文化，是中华文明的结晶，它源远流长，博大精深，形成了崇德善仁、贵和持中、进取包容、谦敬礼让、忠公重义、求真务实等内涵十分丰富的价值观念，这正是我国现阶段社会主义核心价值观的重要理论来源和发展动力之一。

可以说，中国传统文化所倡导的价值观念与我国当前的德育教育所倡导的社会主义核心价值观有着许多相契合之处，这也是二者之所以能够相融合的重要条件之一。当然，这并不是说，中国传统文化倡导的所有价值观念都是正确且适合我国现阶段的德育教育状况，需要我们秉承批判与继承的态度来区别对待、使用它们。

（二）目标的一致之处

我国德育教育的根本目的是，提高人们的思想道德素质，促进人的自由全面发展，激励人们为建设中国特色社会主义和最终实现共产主义而奋斗。

这一根本目的包含两方面的内容，一是提高人们的思想道德素质，如崇高的理想、优良的品德、强烈的事业心、责任感、坚强的毅力、严格的纪律等，这是我国德育教育的内在目的；二是促进人的自由全面发展，这是我国德育教育的终极目的。这两方面的内容构成了我国德育教育的根本目的，是德育教育的灵魂和旗帜，直接确定了德育教育的共产主义方向。

而中国传统文化作为崇德尚贤的伦理型文化，以德育人、注重伦理道德，则是其显著特征。传统思想文化的重心，是伦理道德学说。传统思想文化的突出特点和优点之一，就是它的道德精神，故我国素以“礼仪之邦”著称于世。

首先，中国传统文化之儒家经典《大学》开篇便提出了思想教育的根本目标，曰：“大学之道，在明明德，在亲民，在止于至善。”这即是在阐明，思想教育的目标就是发扬光明美好的道德，使人人都能主动去除污染而自新，最终达到并保持完美之善的境界。

其次，中国传统文化特别注重对圣贤人格的追求。按照儒家经典《论语》的划分原则，中国传统的人格理想可以划分为三个层次。第一个层次为圣人。孔子认为，真正的圣人必然是实现道德圆满的统治者，是圣与王的统一，也即内圣而外王，这也是中国传统文化中理想人格的最高目标和境界；第二个层次为君子，即对美好道德的自觉追求者和体现者，这是中国传统文化中理想人格的核心要素；第三个层次为士或成人，即能遵守礼仪规范者和注重人格尊严者，这是中国传统文化中理想人格的基本标准。中国传统文化中这种对理想人格的追求，也体现了中国传统文化对人们道德品质的理想追求和总体要求。

由此可见，我国德育教育与中国传统文化在目标设置上都指向人，指向人的思想道德素质，都将对人的思想道德素质的培养和提高放在首要核心位置上。注重对人的美好的道德品质的培养和提升，则体现了二者在育人目标上的一致性。

此外，我国德育教育以共产主义为方向，不论是提高人们的思想道德素质，还是促进人的自由全面发展，都是为了更好地激发人们建设中国特色的社会主义，为最终实现共产主义而努力。这也表明了，政治属性是我国德育教育的根本属性。而中国传统文化也特别注重培养个人与家族、国家、社会的良好组织关系，强调修身齐家治国平天下。可以看出，中国传统文化培养“格物致知之诚意正心”之人的最终目的毅然回归到“治国平天下”的政治属性上来。因此可以说，我国德育教育与中国传统文化的教育目标最终都指向了政治属性，这也体现了二者在最终目标指向属性上的一致性。

三、内容的相通之处

从中国传统文化和德育教育各自所包含的内容来看，也存在着许多相通相合之处，二者之所以能相融合，与两者之间存在着的这种相通相合之处有着密切关系。

首先，中国传统文化中的“大同思想”与德育教育中的理想教育之间存在着相通相合的关系。德育教育中的理想教育，是以共产主义理想为核心的理想教育。在正确指导方向所描绘的共产主义社会里，没有私有制、没有阶级，没有国家；财产社会公有，人人地位平等；大家各尽所能，各取所需；人性得以充分发展。

而在中国传统文化中，早在中国第一部诗歌总集《诗经》中，人们就有追求公平、幸福的“乐土”“乐国”“乐郊”的期待；在《春秋公羊传》里，也有“衰乱世，升平世，太平世”的三世说，而两千多年前的孔子，则在《礼运·礼记》中，为我们描绘出了一个更为具体而美好的大同世界。在这个世界中，人人平等，亲密无间，人尽其才，物尽其用，个人与社会浑然一体。由此可见，中国传统文化中的“大同理想”，与德育教育内容中理想教育的共产主义理想之间存在着一定程度的相似之处。这种相似性的存在使中国先进的知识分子更容易理解和接受正确指导方向的伟大理想，从而促进了其在中国的传播。

其次，中国传统文化中，朴素的唯物辩证法思想与德育教育中最根本性的教育内容也即科学的世界观教育之间亦有相通相合之处。德育教育中的世界观教育包括辩证唯物主义和历史唯物主义两个方面的内容。

辩证唯物主义以世界的物质同一性为基础，以辩证法为方法论，以对立统一、质量互变与否定之否定三大规律为主干，坚持人类社会由简单到复杂、由低级到高级的螺旋式上升和波浪式前进的历史辩证法。

历史唯物主义则揭示了人类社会发展变化的终极原因是经济因素，并由此强调了社会存在对社会意识的决定作用，物质生产对社会发展的基础作用，以及人的实践对社会发展的推动作用。

而中国传统文化中则一贯重视“经世致用”，着眼于从物质生产条件，以及民心向背的角度，来思考历史的兴衰更替；着眼于从人民的物质生活出发，来研究社会的道德与文明。

可以说，正是由于中国传统文化与思想道德教育内容之间的这种相通性，才使二者有了相融合的可能性，进而使德育教育得以在中国传统文化这一丰厚的历史土壤中不断地获得新的发展。

四、教育模式的互补性

德育教育的方法多种多样，有理论灌输法、实践锻炼法、自我教育法、榜样示范法、比较鉴别法、咨询辅导法等。其中，理论灌输法是德育教育最主要、最基本的方法。作为一门意识形态色彩极为浓烈的科学，德育教育自然需要通过理论灌输法，来对受教育者进行理论教育。不过，在我国以往的德育教育实践中，长期以来对其德育功能尤其是意识形态功能的过分强调，而对其文化功能缺乏应有的关注，这就使得德育教育一直偏重于简单空洞的理论说教和意识形态的直接灌输。不仅如此，在德育教育过程中，德育教育工作者往往也不考虑受教育者的具体情况，不分层次，不问对象，经常采用“我讲你听”“我说你做”“我令你止”等居高临下、简单粗暴的教育方式，受教育者则只是消极被动地接受而非积极主动地去内化吸收这些科学理论，这就使德育教育工作显得呆板枯燥、索然无味，德育教育的实效性也大打折扣。因此，德育教育亦难以适应新形势的发展要求。

德育教育对意识形态的过分强调，往往使其自身的文化属性和人文精神受到遮蔽。中国传统文化的教育方式则正好弥补了现代德育教育模式的不足。

首先，中国传统文化注重渗透而非灌输，强调“以文化人”，受中国传统文化影响而形成个性品质、思想观念、行为模式等。一旦形成就会内化、积淀、渗透于社会成员的灵魂深处，难以改变。

其次，中国传统文化注重引导人内心深处的自觉意识，引导人们通过“自省”“内省”“慎独”等内在自省的方式，来反思自己的思想和行为中的不足与过错，进而使人们在认识上达到真正的“知”，使自己不断接近圣人的道德境界。不过，以自觉内省方式来提高自身道德修养，最终是为了付诸道德实践。

最后，中国传统文化注重“知行合一”的道德践履而非空洞说教。可以说，“知行合一”是我国传统文化经过长期实践探索和理论总结所形成的极具特色的思想道德教育的方法论系统。

上述中国传统文化所倡导的种种教育模式弥补了我国现代德育教育因过分重视和强调意识形态性而造成的德育教育单一、空洞，以及枯燥的理论说教和灌输模式。当然，作为一门意识形态色彩极为浓烈的科学，德育教育离不开理论灌输这种教育模式，只是当人们忽视了文化对德育教育的内在渗透力、受教育者对德育教育内在自觉自省意识以及德育教育者与受教育者在德育教育过程中的道德实践，过分强调这种理论灌输的教育模式时，灌输的力度再大，德育教育也难以取得理想效果，甚至会起反作用。

因此，我国当代的德育教育应该借鉴和吸收中国传统文化所提倡和践行的这些潜移默化的渗透、自觉的内在自省，以及“知行合一”等教育模式，来弥补当前德育教育模式的不足，并且引导全体社会成员积极主动、自觉地反思自身，不断提升自身的思想道德素质，培养自己良好的道德品质，提升我国当前德育教育的实效性。

第四章　中华优秀传统文化在大学生德育教育中的科学应用

第一节　中华优秀传统文化对大学生德育的价值

大学生是国家未来建设的主力军和接班人，他们的综合素质，尤其是道德素质、政治素质的高低，在很大程度上决定了国家未来的发展命运，如何加强大学生德育教育是一个热点问题，也是一个难点问题。历经几千年洗礼的中国传统文化是中华民族的瑰宝，它所主张的道德自律、修身养性、慎独等个人道德修养的养成方法和思想，对于充实大学生的精神世界、强化大学生的道德素养、开阔大学生的视野，都有极大的帮助。充分认识和掌握中国传统文化的内涵和价值，充分挖掘和科学利用中国传统文化的精华和价值，对丰富大学生的精神世界作用不可估量，同样也为我们进行大学生德育教育提供了许多行之有效的内容和方法，具有极大的现实价值和意义。

一、中国传统文化的优秀思想内容

党和国家历来高度重视大学生德育教育，通过一系列得力的措施和政策，成功地为中国社会主义现代化建设事业培养了数以亿计的合格建设者和可靠接班人。

但也不得不承认，在大力提倡改革开放和市场经济的今天，社会对人的精神世界的培养还有待于进一步加强。当代大学生出现的信仰危机、诚信缺失、错误的价值观念、基本道德素质欠缺等问题，固然有客观的原因，但最主要的，还是大学生德育教育存在误区，其中一个很重要的方面就是，忽视了对大学生的中国传统文化教育。西欧一些社会学家面对当今资本主义社会所面临的社会、环境等各种棘手问题的时候，提出了“二十一世纪的发展思路应该到两千年前的中国去寻求答案”。

那么中国传统文化包含了哪些丰富的人生哲理、德育思想，以及德育教育方法呢?

（一）爱国主义思想

中国传统文化中的爱国主义思想，对于激发人民的爱国情怀起着重要的载体和枢纽作用。列宁曾经说过:“爱国主义就是千百年来固定下来对自己祖国的一种最深厚的感情。”爱国主义思想集中体现在为祖国、为人民利益而赴汤蹈火也在所不辞的高尚情操，在日常生活中，表现为对国家各方面事业关心的朴素感情。回首几千年的历史，在爱国主义旗帜的召唤下，我们出现了一批又一批前仆后继、为国捐躯的民族英雄，一代又一代中华儿女在爱国主义旗帜的指引下奋起抗争，使中华民族在几千年的历史中饱经忧患而不气馁，终于有了现在新中国的强大。

中国历史上不乏仁人志士和爱国主义者。西汉时期司马迁的“常思奋不顾身，以殉国家之急”；北宋范仲淹的“先天下之忧而忧，后天下之乐而乐”；南宋岳飞的“精忠报国”，以及文天祥的“人生自古谁无死，留取丹心照汗青”；明末时期顾炎武的“天下兴亡、匹夫有责”；等等。

在中国传统文化几千年的历史进程中，爱国主义始终是中华民族精神的核心，是中华民族团结进取的精神支撑，是促进中国发展进步的强大动力。爱国主义思想寄托着人们对民族命运、国家兴旺的殷切希望，期盼祖国统一、繁荣昌盛、人民幸福安康是爱国主义最直接和朴素的要求，也是无数爱国主义者为之奋斗的目标。

大学生德育教育中必须强化中国传统文化中的爱国主义教育，培养大学生爱祖国、爱人民的情感，进一步增强大学生的民族自尊心和自信心，只有这样才能使我们培养出来的大学生具有坚定的政治信念，才能在多元文化的复杂环境下保持民族本色，才能团结各民族奋勇前进。

（二）知行合一的思想

中国传统文化推崇“知行合一”的思想观点。“知”是指对道德认识的掌握，“行”是指将道德认识落实到实践中的行为。中国传统文化强调“知”与“行”必须统一起来，将能否做到知行统一作为衡量一个人的道德标准，并视作为终身追求的目标。在古人看来，一个人如果知行不一，那他根本谈不上有道德。

知行合一的理论思想与我们今天所倡导的“理论与实践相统一”的观点是一致的。古人行事一向将自己的道德认识与道德实践统一起来，尤其强调重视“行”在道德素质培养中的关键作用；同时，中国传统文化在德育教育方法上，也注重将理论教育与实践教育相结合。“诵《诗》三百，授之以政，不达；使于四方，不能专对；虽多，亦奚以为?”告诉我们，读书再多，若不能用于实处，也是无益的。“君子耻其言而过其行”，孔子将知与行是否统一作为划分“君子”与“小人”的主要标准之一。《中庸》中提倡为人处事要将学、问、思、辨和行五个方面相互统一起来，也是将“行”作为其中最关键的环节。由此可见，中国传统文化历来将道德视作人的内在品质，并重视道德的实践精神。强调个人在道德修养过程中要重视道德的内化，使道德认知在个人的内心中扎根。中国传统文化非常注重道德的实践精神，强调个人在社会实践中解决“知”与“行”的脱节问题，使德育取得事半功倍的效果。

“知行合一”的思想理论告诉我们，在大学生德育教育中不要仅仅局限于理论知识的传授，还应该注重学生行为习惯的养成，关心学生道德知识的内化，这样做，才能使德育教育实现高效性。

（三）“和合”思想中的和谐观

“和合”思想作为中国传统文化中的精华，是我们在处理个人与国家、人与人、人与社会、人与自然各方面关系的重要指导思想，也是目前人类所要努力达到的理想境界。

1. 修身养性的自我和谐观

任何事物都不能离开个体而单独存在，中国传统文化中的“和合”思想首先反映了个人的自我和谐观。在个人修身方面，孔子提倡凡事要适度，超过这个“度”，就是“过”，反之则“不及”。回到两千多年前的中国，当时的传统思想就提出了个人应通过正心、修身来正己，强调个人要通过加强个人修养来达到身心内外的和谐。

2. 人际间的和谐观

传统思想倡导，人与人之间应该建立一种“以和为美”的和谐关系。正如孟子所说：“天时不如地利，地利不如人和。”表达了“人和”高于一切的思想观念。传统思想所提出的仁、义、礼、智、信等社会道德规范，适用于目前我们正在建设中的公民道德体系。如果每一个社会成员能够将“人和”思想作为一种价值标准来规范自己的行为，来处理人与人之间的各种关系，那将更有利于我们实现和谐社会的意愿。

3. 人与自然的和谐观

“天人合一”思想代表了中国传统文化中追求人与自然和谐相处的思想。中国古代的“天人合一”思想主要来自传统思想。在人与自然的关系处理中，传统思想强调自然是不可战胜的，人们的行为应该与自然相统一，不能违背自然的本意。虽然这种说法否定了人类的主观能动性，具有一定的历史局限性，但是，随着全球自然灾害频繁发生，我们现在终于明白古人对我们的告诫。我们能够改造自然，但却不应该打着改造自然、征服自然的口号，做一些超出自然界承受能力的事情。如果这样，只能是破坏自然，使人类自己陷入万劫不复之地。只有人类与自然和谐相处，才能真正实现人与自然的统一和平衡。中国传统文化中“天人合一”思想，对于解决我们目前面临的环境污染、生态失衡等问题，仍然具有极大的参考价值。作为未来建设者的当代大学生，则更应该汲取目前我国发展中出现的教训，在今后的工作中，科学合理地处理人与自然的关系，为国家的可持续发展贡献自己的智慧和才能。

中国传统文化中的“和合”思想充满了丰富的和谐观念，对于促使大学生合理正确地处理各种矛盾，化解社会问题，构建社会主义和谐社会有着重要的借鉴意义。

（四）诚信精神

中国传统文化中将诚信作为人的本质特征之一，“圣人”和“君子”被中国传统文化认为是理想人格，而诚信则是“圣人”和“君子”的基本道德标准之一。孔子说：“君子义以为质，礼以行之，孙以出之，信以诚之。君子哉。”由此可见，孔子对一个人的诚信品质是多么地看重，从他的话中可以看出，一个人如果没有诚信，将在社会上寸步难行，更不用说，在社会上安身立命了。

在中国传统文化的诚信思想中，诚信被放到了“天之道”的高度，是任何人必须遵守的道德规范，是人们生活中不可动摇的法则。中国历朝历代都十分重视诚信教育，尤其是西汉时期，汉武帝听取董仲舒的“罢黜百家，独尊儒术”的意见后，传统思想成为中国社会的正统思想。此时，传统学说的诸多经典著作成为“官方”指定的必修课，学生对传统学说中的诚信思想耳濡目染，自然就养成了诚实有信的君子品质。虽然历朝历代的统治阶级是为了维护自己的统治而推崇传统学说，但是，传统学说中所提倡的诚信思想，仍然应该成为当今每个社会成员所应遵守的准则。但不足的是，我们看到的却是另外一番景象：假冒伪劣、坑蒙拐骗、考试作弊种种不诚信的现象仍在我们身边时有发生。中国古代提倡的诚信思想，却在当今市场经济下受到不断的冲击。

作为培养国家未来建设者和接班人的高等学校，应该责无旁贷地担负起历史的重任，利用一切教育资源和手段，重新塑造大学生的诚信意识，让身处象牙塔的年轻学子在良好的诚信氛围中养成诚信立人的意识和品格。

二、中国传统文化中的优秀教育方法

中国传统文化不仅蕴含了丰富的、优秀的德育教育内容，它所包含的优秀教育方法更是中华文明的瑰宝。科学、合理地利用中国传统文化中的优秀教育方法，为我们进行大学生德育教育提供了宝贵的资源和支持。中国传统文化中的优秀教育方法丰富多样。下面就以下几个方面做一阐述。

（一）言传身教

教育者必先受教育，这是对全体教育工作者的要求。教师在教育过程中必须注重自身素质和言行，即中国传统文化中强调的“为人师表”。中国传统文化中强调，教师在教育学生过程中必须以身作则，身体力行，为学生起到模范表率作用。

孔子说：其身正，不令而行；其身不正，虽令不从。如果一名教师在学生面前言行不一，就容易造成学生思想观念的混乱，又如法国作家卢梭说：没有榜样，你永远不能成功地教给学生以任何东西。从他们的言论中，可以看到，言传身教对于教育的重要性。“正人先正己”的思想贯穿于整个中国传统文化中，无论古代还是当代德育教育中言传和身教都是一种有效的教育方法。一名受学生尊敬和爱戴的老师，肯定在教育工作中注重言传身教、率先垂范，各个方面都成为学生的榜样，潜移默化地影响学生的思想、行为，使广大学生为之折服。

中国传统文化思想中还闪耀着师生平等的光芒。孔子说：“三人行，必有我师焉。择其善者而从之，其不善者而改之。”孔子在教育过程中不仅将自己的优缺点、经验教训毫无保留的传授给学生，更把学生放在和自己平等的地位，与学生相互交流学习心得，实现师生的共同进步。这样的平等思想使学生感到孔子也是一名求学者，拉近了师生间的感情距离。孔子的高尚品格吸引着学生，使学生内心信任他，并希望从他那里学习到好的东西。孔子言传身教的工作态度和师生平等的教育思想，使他能不断丰富自己的学识，灵活掌握教育方式方法，使教育产生最大效果。

（二）有教无类并因材施教

人与人之间存在聪明与愚钝、富贵与贫穷、内向与外向等方方面面的差异，但是，更应该懂得这些差异完全可以通过正确得当的教育方式予以消除。中国传统文化中包含的“有教无类，因材施教”的教育思想和方法，在我国教育思想史上占据了重要的地位。两千多年前的孔子在当时只有少数贵族子弟才有权利和机会接受教育的背景下，首先提出了人人都应该受到良好教育的思想主张，并通过开办私学的方式身体力行，这是世界教育思想史上的一次改革和创新。南宋时儒学集大成者朱熹发展了孔子“有教无类，因材施教”的思想，并做出了新的解释。朱熹认为，人的不同性格和处境并不是天生的，而最主要的原因是后期教育和社会环境风气的影响。因此，教师在教育学生的时候，不应该掺杂个人的主观感情因素在里面，不应将学生分成善恶、智愚、穷富等不同的群体而区别对待。

而往往教育现状却经常事与愿违，从幼儿园到大学各个阶段的教师忘记了我们提倡的“德、智、体”全面发展的教育思想，往往在工作中只突出“智”的地位而忽略了德育和体育。在教育过程中，无论是教师还是学生，都在面临以考分为重的思想指导下，自觉或不自觉地以学习成绩作为衡量一个学生是否优秀的唯一标准。整个社会的人们都形成了学习好的学生就是好学生，学习不好的学生就不是好学生的思维定式，无形之中给学生的心理蒙上一层阴影，这对学生的全面发展也是非常不利的。教育家赞科夫说：“请你不要忘记，孩子们受到不公平的待遇，特别是这种待遇来自一个亲近的人的时候，他的痛苦心情会在他心灵里留下一个长久的痕迹。”因此，作为一个优秀的教师，应继承和坚持中国传统文化中“有教无类”的教育原则，面对各种类型的学生，要善于发现每个学生的优点和潜力，而不是简单粗暴地、过早地给某个学生妄下定论，要使每个学生能够感受到老师的无差别对待，使他们“亲其师，信其道”，自觉、愉快地接受老师的教诲。

孔子在长期的教育实践中还提出了“因材施教”的教育原则。就是说，在承认人与人之间存在差异性的基础上，按照每个学生不同的特点，并结合学生实际情况给予有针对性的教育，以充分适应学生要求，发挥学生学习的主动性和积极性，减少学生存在的弱点。

孔子在教育过程中，经常通过与学生谈话的方式，观察和了解每个学生的思想和行为特点。据《论语》中记载：仲由为人冲动，遇事时多冒失行事，孔子抓住他的特点教育他，遇事要多加考虑，多向父母长辈或其他人请教，不要冒冒失失，以免把事情做错；冉求为人胆小怕事，做事情缩手缩脚，孔子就教导他遇事要敢于前进，抓住时机，不要前怕狼后怕虎。可见，根据学生各自不同的个性特点，发挥学生的个性优势，因材施教，是非常重要的。

（三）寓教于乐

寓教于乐是指教师在教育过程中，将多种不同的文化形态融入教育内容中。比如，在教育过程中融入美术、音乐、体育活动等等，创造一种愉快的学习氛围，使学生能够在轻松的环境中积极参与到学习中去。同时，积极配合教师的教育工作，愉快地接受教育。寓教于乐的教育方法关键在培养学生兴趣，烘托一种快乐的氛围只是手段，让学生乐于接受才是目的。这种方法能够让枯燥无味的课堂变得生动有趣，消除学生审美疲劳，充分发挥了教师的主导作用和学生的主体地位，符合教育与自我教育相结合的教育原则，运用得当的话，将大大提高学生学习的兴趣。

“学而时习之，不亦乐乎”，告诉我们学习是一件快乐的事情。在教育过程中，孔子总能通过各种各样的教学方法，巧妙地将学生引入到忘我的境界，使学生感到学习过程其乐无穷。比如，他在教学过程中不摆教师的架子，与学生平等的一起讨论问题，并能放下架子向学生请教和学习，这种民主、谦虚、友好的教学氛围使学生乐于学习；他还喜欢通过正面表扬激励的方式使学生乐学，即使在批评学生的时候，也是和蔼可亲，充满了善意，从不说出伤害学生自尊心的言语。正因为如此，孔子的学生对待学习的主动性和积极性很高，并且乐此不疲。

（四）内省与慎独的修身思想

马克思主义哲学中强调，事物是由内因所决定的。所以，在大学生德育教育工作中，应该更加重视学生自身的主观能动性。孔子说：“吾日三省吾身，为人谋而不忠乎？与朋友交而不信乎？传不习乎？”可见，孔子在日常生活中是极为重视个人自我反省、自我检查的，中国传统文化中，将这种修身的方式称之为内省。孔子在与人交往中，也倡导如果一个人有好品行，就应该向他看齐，虚心向他学习；如果身边的人品行不端，就要时刻注意对照检查自己的行为是否符合道德规范，要引以为戒，防止出现类似的错误行为。孔子认为，一个人要做到自省并不需要复杂的条件，随时都可以进行，关键在于一个人的自觉。孔子在为人处事、言谈举止、衣食住行等方方面面都极度重视自省的修身方式。面对复杂的社会环境和人生百态，能够通过反复的内心洗礼，杜绝率性而为的行为，明辨是非、认清善恶，从而完成自我超越。这种通过自省的修身方式和过程，体现了以人为本的内涵，重视个人在德育教育中的主体作用，有利于升华个人思想道德境界，直至达到理想主义者的理想境界。

中国传统文化中关于修身的内省思想主张，影响了中国几千年的历史。后人在总结归纳传统内省思想的基础上，又推出了一个修身方式的更高境界——慎独。《中庸》指出："君子戒慎乎其所不睹，恐惧乎其所不闻。莫见乎隐，莫显乎微，故君子慎其独也。"告诫人们，一个人如果是君子，那么他即使在别人看不见的时候，也会非常注意自己的言行；在别人听不到的时候，也会对个人的行为品质保持高度的谨慎。世界上不存在不能被察觉到的东西，即使最微小的东西，也终有显现的时候。所以，君子在没有人监督的情况下，其言行举止也总是非常小心谨慎的，绝不做任何违反道德规范的事情。

大学生德育教育必须坚持以人为本的思想，所有的道德理论知识必须首先通过学生个人的内化转变成个人的道德信念，然后再形成个人自觉的道德行为，形成符合社会道德规范的道德品质。中国传统文化始终强调"修身为本"，这是中国传统文化中最具特色的内容。中国传统文化中所包含的内省、慎独等修身思想，是留给我们的宝贵精神财富，也是对人类德育教育思想理论体系的重要贡献，对于指导目前我们的大学生德育教育工作，必不可少。在大学生德育教育中提倡自省、慎独的修身方式，强调了大学生作为教育主体而充分发挥自我修养的主观能动性。通过外部因素的适当影响和引导，将大学生的这种主观能动性转变成一种自觉的行为习惯，有利于促使大学生在道德认识和道德实践方面，能够自觉按照社会道德规范要求进行自我约束、自我提升，推动大学生去获取更高的道德认识，达到更高的道德境界。

（五）启发式教育

中国传统文化对教师的工作态度和学术素养提出了很高要求。其中尤以我们耳熟能详的“学而不厌，诲人不倦”教育思想为历代教师所推崇和追求。教师要给学生一杯水，必须要有一桶水。这形象地告诉我们，一名教师必须具有渊博的知识才能更好地教育学生。教师怎样才能做到这一点呢？那就是教师必须坚持在日常工作和生活中做到“学而不厌”。只有这样，才能使自己掌握的理论知识不断更新、与时俱进，才能不断丰富自己的学识，提高自己的教学能力和水平，满足学生的需求。同时，教师所表现出的“学而不厌”也必然会影响到学生，学生必然会学习教师勤于学习的习惯。反之，如果教师都不注意学习，学生又怎么会喜欢学习。

“诲人不倦”是教师所具备的更高层次的精神境界，孔子讲：“教不倦，仁也”，将“诲人不倦”提升到“仁”的高度。每一个教师都应该以“仁者爱人”的精神去教育学生。怎样才能做到诲人不倦呢？只有坚持上面我们讲到的“学而不厌”，积累丰富的知识和经验，才能做到诲人不倦。学而不厌与诲人不倦是相互统一的，学而不厌是诲人不倦的基础。如果头脑中没有丰富的知识积累，是做不到诲人不倦的。同样，如果不将理论知识通过诲人不倦的教育方式传授给学生，学而不厌也不会坚持长久。如果一名教师自身理论知识匮乏，那么，他也只能是生搬硬套、照本宣科，仅仅把学生当成接收知识的机器，自然也就不会去关心学生的兴趣和爱好，也不能培养热爱自己事业的兴趣，不能专心地投身到教育事业中去。

中国传统文化中还强调教师在教育过程中要讲究教学方法。孔子在教育过程中喜欢采取通过循循善诱的方式来开启学生的心智。正如孔子的学生颜渊所赞叹的那样："夫子循循然善诱人，博我以文，约我以礼，欲罢不能。"如果教师可以像孔子那样，能够有步骤、有计划地引导学生，教育效果将会像一块磁铁那样具有吸引力，散发出诱人的魅力。即使学生想停止学习，也都不可能了。

三、中国传统文化对大学生德育教育的意义

中国传统文化蕴涵着深厚的德育教育资源，不论是教育理念、教育原则、教育内容还是教育方法。加强中国传统文化在大学生德育教育中的利用，不仅能够丰富大学生德育教育的理论资源，更对新时期开展大学生德育教育在价值观和方法论等多方面，具有重要的指导和启示意义。

（一）培养大学生爱国主义精神

爱国主义被人们形象地称之为中华民族的民族之心、民族之魂，历经几千年而不朽，始终是中华民族的主题思想和精神支撑。爱国主义是一种道德规范和行为准则，表现在个人对国家的忠诚与热爱。但

是，随着改革开放的深入、市场经济的发展和外来腐朽文化的侵蚀，使一些大学生的爱国主义思想观念和行为发生了巨大的变化。比如，当代大学生的社会责任感、国家主人翁意识、集体观念逐渐淡化，取而代之的个人利己主义、拜金主义充斥着大学生的头脑，严重影响了当代大学生树立正确的爱国主义观念。

中国传统文化中“天下为公”的爱国主义思想，一直为历代爱国主义仁人志士所推崇。在爱国主义旗帜的召唤下，中华民族形成了不屈不挠、勇于进取的民族气节，形成了“国家兴亡，匹夫有责”的爱国主义意识，对推动中华民族的历史起到了至关重要的推动作用。当前，国际国内形势复杂多变，在这样的复杂环境下，更应该重视培养大学生的爱国主义思想。当代大学生深受悠久的中国传统文化熏陶，更应该继承爱国主义传统，勇敢地担当起自己的历史使命和责任，将赤子之心无私地奉献给祖国和人民。通过中国传统文化中所蕴含的爱国主义思想来教育当代大学生，使他们能够清醒地认识到个人利益与国家的整体利益是息息相关的，培养大学生形成自觉地以义统利的高尚情操，正确地处理个人与国家之间的利益关系。促使大学生能够培养对国家的忠诚，毫无保留地将自己的知识才能奉献给国家和人民，做到无愧于国家和人民，努力成为有理想、有志气、有气节、有尊严的好青年。

（二）帮助大学生树立正确的人生观和价值观

大学生在思想行为、道德认知和心理等方面有了一定的发展，但因为社会阅历较浅，他们的思想还不够成熟。这个时期也正是大学生形成人生观和价值观的关键时期。大学生德育教育要面对大学生自身的缺陷，比如，他们有着先进的创新意识，但在处理问题的时候，却缺乏艰苦奋斗和持之以恒的决心。同时，更应该注意到外界因素的影响，当前我国正处于新旧体制的交换时期，市场经济运行下的新型思想道德体系标准还未完全建立，加上各种不良社会思潮和现象的冲击，使部分大学生的人生观和价值观出现了功利化、金钱化的扭曲，这对他们的人生观和价值观的形成产生了极大的副作用。目前大学生思想行为上出现的重个人利益轻国家集体利益、重物质利益轻人文素质、重金钱而轻理想等现象，不能不引起广大德育教育工作者的重视。加强对大学生的人生观和价值观的教育已经是箭在弦上，不得不发了。

如何培养大学生树立正确的人生观和价值观呢？不妨从中国传统文化中去汲取养分。中国传统文化中将追求高尚的道德人格作为主要思想。中国传统文化有助于培养大学生形成传统的、朴实的思想品格，使大学生在处理个人与他人、个人与国家、个人与自然时，能够保持正确的思想观念。比如，自省慎独的修身思想对培养大学生个人的人生观和价值观有着不可估量的作用。这种自尊、自重、自律、自强的精神，对我们今天的大学生德育教育也很有启发和教育意义。当代大学生应继承与发扬中国传统文化中关于人生观、价值观的优秀思想，造就理想人格，为推动中国传统文化的发展和中华文明的进步做出自己应尽的贡献。

（三）丰富高校德育资源

长期以来，我国一些高校德育教育已经形成了刻板的、强制的、灌输式的教育模式。目前高校德育教育不是向大学生传授他们所需要的关于个人品行养成的内容，更多的则是往往只注重强调政治教育。这种德育教育模式歪曲了德育的本意，导致了当代大学生重说教、轻实践，重外律、轻内修，使高校德育教育往往背离了大学生成长成才的教育目的。同时德育教育效果得不到充分的体现，德育教育的社会价值无从谈起。

良好道德素质的养成不是一蹴而就的。众所周知，德育教育是一个由道德认识的掌握、道德认识的内化和道德行为的实践三个阶段组成的，道德素质的养成是需要经历不断的道德认识的内化和外延的长期的复杂过程。每一个阶段的发展变化都是和受教育者的主观能动性息息相关的，这与中国传统文化中所提倡的自省慎独的自我修身思想是相统一的。自我修身的思想观点突出了学生主体内在的道德自觉性，在德育教育过程中，充分发挥学生主体的主观能动性指明了方向。

同时，德育教育工作者应该努力改变灌输和强制传授知识的方法，转而树立学生自我修养才是进行德育教育实现高效性的思想观念，帮助学生进行自我品行的培养，使学生自觉遵守道德规范，从而实现德育目的。在教育目标上，中国传统文化中有教无类，因材施教的思想告诫教育者，应该力求遵循学生的个体性差异，施以不同的教育内容或方式，使每个不同的学生都形成独立的思想和人格，这才是德育教育的目标，也是保证德育教育取得实效的前提。在教育方法上，中国传统文化中倡导运用启发诱导的方法来激发学生追求道德理想的兴趣，养成好学、善学、乐学的习惯，实现学生的道德自立。

中国传统文化的诸多优秀思想内容和教育方法，对于引导学生自我认识、自我反思、自我实现、自我超越，最终完成自我教育，提高自身修养，意义重大。如果高校德育教育中能够科学合理地利用中国传统文化中的这些思想和方法，终有一天，高校的德育教育会实现真正的“不教之教”。

中国传统德育文化是人类最早的伦理道德文化源泉之一，也是人类历史上最为完备、成熟的伦理道德文化之一。独具特色的中国传统德育文化，在人类伦理道德文化遗产中占有重要地位。中国传统伦理道德孕育、产生、发展于古老的中华大地，是中华民族列祖列宗在特定历史环境下对人类道德生活所作的反思与总结，并为无数代中国人所躬行践履。因此，它又表现了中华民族自身独特的心理、行为模式和情感表达方式，形成了独具特色的中华道德精神和礼俗。这种民族性具有世代相传的连续性，它不完全受时代性、阶级性的制约，带有明显的稳定性。这种民族性不论在历史上还是今天，都是维系中华民族共同体的精神纽带，是民族凝聚力的源泉。

四、中国传统德育智慧及根基辨析

在世界文明史上发源甚早的中国伦理道德，从其萌生直到今天，是不断变迁的。到了近代，则更显与时俱进。产生于古代社会的中国传统道德，无疑具有明显的时代性、阶级性。随着历史的发展进步、封建社会的终结，它的一些内容与要求已经过时。但是，中国传统道德在许多方面反映包括了人类某些“公共生活规则”和“古今公由”

的为人处世之道，体现了诸多人类的基本理智和情感，这些内容不仅在今天具有现实意义，在将来也仍有其内在的活力，具有不容忽视的未来价值。

（一）历史与文化

传统，从语义学的角度讲，传指前人传予后人；统，继也，指后人继承前人。从该角度出发，可以得出，只有前后相继的，从前传承至今的，并在今天继续发挥作用的事物才可称之为传统。而德育的概念是我国德育学界长期以来存在论争的一大有"中国特色"的问题。德育，简单说，即是培养学生品德的教育。狭义的德育专指道德教育，亦即西方教育理论所讲的"moral education"。在我国，许多学者认为德育必须包含更多内容，认为德育除思想、政治、道德方面的教育之外，还应当包括法制教育、心理教育、性教育、青春期教育等。德育是教育工作者组织适合德育对象品德成长的价值环境，促进他们在道德认知、情感和实践能力等方面不断建构和提升的教育活动。简言之，德育是促进个体道德自主建构的价值引导活动。

传统德育历经实践的打磨和时间的洗礼，在继承与改良中得以流传至今，中国传统德育内容丰富，道德修养方法形式多样，为当代德育提供了优秀的历史典范和坚实的文化基础。

（二）中国传统德育思想的特点

1. 延续与创新

中华文明又称华夏文明，中国同古巴比伦、古埃及、古印度并称为四大文明古国，它们是世界历史上四处人类文明最早诞生的地区。中华本土文明是唯一从古至今继承下来，不曾中断的文明，亘古亘今。中国传统德育的发展过程是曲折而坚韧的，中国传统德育的产生顺应于当时的生产力水平，生产关系以及社会形态，始终在不断地发展变革以适应时代要求，适应每一个时代的不同环境。在剖析与转化过程中，被创新改造，具有较强的时效性和实效性。正是因为它既善于继承历史成果，又善于发展历史成果，虚心学习总结前人，又不断超越前人，使得中国传统文化得以继承与创新，一脉相承，经久不衰。

2. 包容与吸收

中国传统道德教育以儒家思想为主体，兼容墨家、法家、道家、佛家等多种思想。中国传统伦理道德思想不仅包含人口基数较大的汉族文化，更是吸收其他少数民族道德文化的精髓。在中华民族的发展史上，经历了多次民族融合和文化融合，甚至是吸收和同化了丰富多彩的外来文化而形成中国传统伦理道德思想体系。在许多外国同胞的观念中，认为中国只有中华民族这一种民族，对中国现有的五十六个民族的交融与共融形成的绚丽多彩的中华文化无不感到惊叹和称赞。

3. 两面与超越

中国传统伦理道德思想形成于漫长的封建社会，由于历史久远，受到封建社会的政治、经济、文化的发展情况的影响也是根深蒂固。不可置否，中国传统伦理道德思想具有两面性，例如封建等级观念、封建迷信思想、君主观念等思想早已与当今的经济基础、政治制度和社会文化发展不符，所以要学会理性对待存在的问题，做到剔除整体精华中的局部糟粕，或者挑取大部分糟粕中的个别的合理因子。但是，长期以来，中国古人对一系列基本伦理道德问题所作的理论探讨，其中所包含的人生哲理和深邃的人文原理，有些属于古今公理。这就使中国传统道德在一些方面超越了时代和阶级的局限，而具有超越性、恒久性。由上可见，要肯定文化和教育发展的继承性，尊重传统伦理思想，挖掘其现代价值和借鉴意义，充分认识传统伦理思想的两面性，在扬弃中传承。

五、中国传统德育智慧的主要内容

自进入文明社会后，中国古人便对人类道德生活有所思考，曾对道德详加阐释，历经变迁，形成了较为完备、成熟并且具有中华民族特色的伦理道德文化体系。其中囊括了义利、理欲、荣辱、忠、孝、诚、信、谨慎、宽厚等在内的各项道德条目。这些传统道德智慧不仅是中国古代社会各类人际关系应遵循的道德准则，也是人与人之间道德关系的体现，对今天协调人际关系，化解矛盾，建立安定和谐的社会秩序与宽松、宽和的人际关系仍有重要意义。

（一）天下为公，爱国如家

尚公是中国传统伦理道德最基本的价值取向，荀子早就说：人“力不若牛，走不若马，而牛马为用，何也？曰：人能群，彼不能群也”(《荀子・王制》)。他一再强调：“人生不能无群。”(《荀子・王制》等)，在其他古籍中也有类似说法，如《汉书》中曾说：人“不能群则不胜物，不胜物则养不足”(卷二十三,《刑法志》)。由此可以看出，在中国古代就强调了个人利益与群体利益的一致性，认为个人忠于整体，整体利益高于个体利益。中国传统道德中，对于尚公乃是百善之首的地位无疑是不可撼动的，但是中国传统并非全然否定和排斥个人利益。

（二）义以生利，见利思义

中国古代先贤在探讨道义与利益，尤其是道义与个人利益的关系时，作为儒家学派的创始人孔子提出：“君子喻于义，小人喻于利”(《论语·里仁》)，荀子也曾说：“好利恶害，是君子、小人之所同也，若其所以求之之道，则异矣。”(《荀子·荣辱》)，“义则不可须臾舍也。为之，人也；舍之，禽兽也。”《荀子·劝学》)。在此之前，《左传》中也有这样的话：“凡有血气，皆有争心。故利不可强，思义为愈。义，利之本也，蕴利生孽。”由此可见，早在春秋战国时期古人既已肯定利，不简单地认为利益与道义是对立的，认为求利是人的本能，但不能仅按本能去求，需要循道义而求。求利离不开义，只有以义节制、引导利，才能顾及社会整体的大利，在不影响社会全体成员的利益基础上，才能更合理地也更稳定地获得个人的利益。

（三）由义为荣，背义为辱

在任何时代，树立、宣传符合那个时代需要的价值观，都是推行道德教育的极为重要的内容和手段。儒家认为：“仁则荣，不仁则辱。”(《孟子·公孙丑上》)，“先义而后利者荣，先利而后义者辱。”

(《荀子·荣辱》),“由义为荣，背义为辱。轻重荣辱，惟义与否。”(陆九渊:《陆九渊集·与郭邦逸》)。他们一致认为，荣辱与一个人的德行是相符的，是由他的德行如何决定的，努力从事道德修养，行善兴义，是求荣的唯一正确途径。同时，在先哲们看来，虚名、虚荣最终带来的只能是耻辱甚至灾祸。他们曾先后指出:“无其实而喜其名者削，无其德而望其福者约。”(《战国策·齐策四》),“古之君子，耻有其名而无其实。”(王守仁:《王阳明全集·与郑启范侍御》)。除此之外，对于如何对待外界毁誉的问题，中国古代思想家也做过十分理智的分析，古人曾一度劝解人们:“在我者有愧焉，不可以人之誉我而辄喜也。在我者无愧焉，不可以人之毁我而辄惧也。”(黄淳耀:《自监录》),意思是说人们既不应为不实之誉而喜、而荣，也不必为不实之毁而忧惧、内疚。要做到“信是非，不信毁誉”(张瀚:《松窗梦语·自省记》)。也就是要形成对自身正确的认识和评价，不轻易为外界的毁誉所动，做到走自己的路，让别人说去吧。价值观既有普世性和民族性的一面，又有鲜明的时代性的一面，今天，我们所提倡的社会主义核心价值体系便是当代社会主义的道德准则和核心价值观。

(四)失信不立，诚实不欺

诚是一切德行的基础和根本。“道德”之所以被称为道德，是因为它具有不可替代的巨大的社会功能，全在于真实。中国古代思想家对诚作了这样的解释:“诚者，真实无妄之谓”(朱熹:《四书章句集注·中庸章句》),“真者，精诚之至也”(《庄子》)。先哲们都强调，应以真为基本要求诚。朱熹指出，道德的完善、提高是一个“自进、”“自成”的过程，因此，决定它是否能收到实效的根本全在于发自内心的真诚。“须是表里皆实，无一毫之伪，然后有以为进德之地，德方日新矣。”(《朱子语类》卷六十九)。就是说，诚是道德增进的内在保证和驱动力。此外，诚还表现为对自己所做的工作务实敬业，一丝不苟，尽心竭力。诚同样也是最健康的心态，它能够给人带来最大的精神快乐。《尚书》说“作德，心逸日休；作伪，心劳日拙(《周官》)”，孟子说：“反身而诚，乐莫大焉。”(《孟子·尽心上》)。

（五）曲则全，先人而后己

对于让，中国古代思想家曾先后下过这样的定义；“厚人自薄谓之让”(贾谊:《新书·道术》)，“让，推以与人也”(朱熹:《四书章句集注·论语》卷二)。这些定义所阐释“让”的基本含义和要求就是，对他人应谦逊有礼，面对利益、荣誉、方便、机会，则应想到他人。这是一种善待他人，避免冲突，化解矛盾的维系人际关系和谐的重要行为准则。孔子弟子子贡在称赞孔子美德时则以“温、良、恭、俭、让”来概括。(《论语·学而》)，《礼记》云：“敬让也者，君子之所以相接也。”《礼记·聘义》)，认为敬让是君子待人接物的应有之道。在此之后，让越来越普及于社会民众，对人们为人处世，待人接物，处理人际关系起到积极作用。中国古人所以强调人际交往应当相让是为了息争，即所谓“让，所以息事”(陈继儒:《小窗幽记》卷五)，而“分争者不胜其祸”(《晏子春秋·内篇·杂下》，这种认识不仅是为了消灾免祸，更是源于将心比心，虑及他人的恕道。作为生活于社会的群体，利益、荣誉、机会、方便不可能自己一人独占，当让则应让之。而在现实生活中的确存在彼此激烈的争执、争论，对此，古代先哲提倡让，即是要求“忍”。

（六）施人勿念，受施勿忘

感恩知报作为日常道德生活的重要原则和机制，是处理人际关系不可或缺的美德，它对增进人际关系的温馨、和谐具有重要意义。知报所倡导的是一种互惠互动的双向伦理关系。它的基本要求是不忘他人的恩德，不无偿地接受他人的恩德，应做积极、主动的回应作为回报。《诗经》中的名句：“投我以桃，报之以李”，“无德不报”（《大雅·抑》）。高要求则应是对他人的恩德作加倍的报答，这便是所谓“乘人之扯者载人之患，衣人之衣者怀人之忧，食人之食者死人之事”（《史记》卷九十二，《淮阴侯列传》）。也就是大家常说的“滴水之恩当涌泉相报”。知报一直为中国古人所提倡，例如“爱人者，人恒爱之；敬人者，人恒敬之。”（《孟子·离娄下》），“爱人者，人必从而爱之；利人者，人必从而利之”（《墨子·兼爱中》）。基于感恩报恩这一观念，一些道德不仅仅是理性层面的自觉与义务，更是情感上的自愿，因而“亲切有味”，也就具有了即我之善意、善行也将会得到他人的积极回应。其二，“人只有德于我也，不可忘也；吾有德于人也，不可不忘也”（《战国策·魏策四》），“人有恩于我不可忘，而怨则不可不忘。”（洪应明：《菜根谭》）。也就是说，所惠于人，不必放在心上，受人恩者，定当铭记于心。其三，不论是施恩还是报恩都应以是非为前提，所施所报均应是善，非道义的恩与报乃是同恶相济，必须反对。除了以这种对怨宽宏的态度外，古人还主张，不论是报恩还是报怨，都不可利用自己的权势，并且认为这是不道德的行为。宋人尤袤说："仕而报怨，私也；仕而报恩，亦私也。"（《宋元学案》卷二十五）。此外，古人尊师，也是为了报答师长的教导、启蒙、栽培、提携之恩。儒家强调对国家、社会作奉献，也是为了报答国家、社会的恩惠。康有为曾经说过，人"生于一国，受一国之文明而后有其知，则有国民之责任"，因此，人们不可"绝类逃伦而独其乐"（《大同书》甲部）。

六、中国传统德育智慧的主要施教方式

中国古代的伦理道德学说是系统完备的，除了丰富的传统德育内容外，更要通过合理的施教方式，高度重视道德实践，灵活运用道德原则和道德规范，无论对于中国古代社会还是当代高校德育均具有重要意义。

（一）过而能改，通权达变

改过是道德修养的必经步骤，人们成长和学习的历程往往是曲折的，人在认识过程中不可能无惑，人能自觉改过，才能不断超越、完善自身。人的一生，可能做到不犯罪、不去有意做坏事，但任何人都难以保证一生不会犯错、没有过失。古人云："夫过者，自大贤所不免。"（王守仁:《王阳明全集》卷二十六，《教条示龙场诸生·改过》）意思就是即使是圣贤，也不可能全无过失。作为老师，则需要

做到“知其心，然后能救其失也，教也者，长善而救其失者也。”(《学记·礼记》)，学生在道德修养的过程中，存在的问题各不相同，老师需要知道并了解这些学生的心思，才能对症下药，并且要善于发现学生的长处，引导学生能自觉、及时、勇敢地认过、改过，将缺点转化为优点。先哲也认为：“不贵于无过，而贵于能改过。”(《王阳明全集》卷二十六,《教条龙场诸生·改过》)，在改过方面，古人还提出了“不贰过”（《论语·雍也》）的高要求。所谓不贰过，就是同样的过失，不重犯，做到清醒认识已犯过失的危害，切实吸取其中的经验教训。

所谓经权关系，即是原则性与灵活性的关系，概言之，“经者道之常，权者道之变也”（《朱子语类》卷三十七）。是要人在道德实践中，应对道德原则和规范作灵活运用，这一观点对于人们在非常情况下选择正确的道德行为具有重要意义。北朝的《刘子》说：“循礼守常曰道，临危制变曰权。……古之权者，审其轻重，必当于理而后行焉。”，“权者，反于经合于道，反于义而后有善。”（《明权》)。这番解释的意义在于，权变是为了使自己的言行更恰当地“当于理”，权虽违反了经（即一般规定），但却更符合道义的根本精神。所以，通权达变就是要求人们在选择道德行为时，特别是在非常情况下，应以具体环境、场合、条件为转移，而不是对原则、规范作拘泥、机械的理解和运用。其精神、要求即是“于精微曲折处曲尽其宜”。(《朱子语类》卷三十七）。

（二）积善成德，君子强学而力行

中国古代思想家认为，人或养成善或酿成恶，都是积累的结果，人们道德境界的升华、理想人格的形成，都不可能一蹴而就，而需要长期的修养、磨炼。人们应懂得“天下大事，必作于细”（《老子》第六十三章），“垂大名于万世者，必先行之于纤微之事”（陆贾:《新语·慎微》）的道理，从小事做起，对于积累这一方法应高度重视。荀子对此曾说:“积土成山，风雨兴焉；积水成渊，蛟龙生焉；积善成德，圣心备焉。”（《荀子·劝学》），荀子的话，准确而简括地说明了人的优良品德乃是一件件道德行为逐渐积累而形成的。在这积累的过程中，先哲们又认为持之以恒、坚持不懈的恒心是十分重要的。吕坤曾说:“进道入德，莫要于有恒。有恒则不必欲速，不必助长，优优渐渐，自到神圣地位。”（《呻吟语·修身》）。

在道德修养过程中，由学而知是十分重要的。只有通过学，获得道德知识，才能将外在的道德规范内化为自身的道德认识，从而明辨是非善恶。但若只停留于道德认识而不付诸道德实践，不在行动上切实做到，那就没有道德意义。道德品质是通过道德行为表现出来的，只有将获得的道德认识外化、落实为道德行为，方算有德。

（三）表里如一，反求诸己

中国古代提出的慎独，就是在个人独处、无人监督的情况下，依然小心谨慎，自觉遵守道德，而不为非、越轨，做到表里如一，这是人们在道德修养中高度自觉与真诚的表现。《诗经》中说的“相在尔室，尚不愧于屋漏”（《大雅·抑》），指的就是慎独，意思是说，即使在自家最隐蔽、不为外人所见之地，依然恪守道德，不做有愧之事。北朝的刘昼对慎独还做过这样的概括:“不以视之不见而移其心，听之不闻而变其情。”（《刘子·慎独》），慎独的根本精神与要求是不须臾离道，人们如能在任何环境、场合下都不离道义、坚守道义，就自然能做到“表里内外、精粗隐微”。而欲达到上述要求，前提是真诚为善。

自省是中国古人所倡导的又一种重要的道德修养方法，是儒家“存养”功夫的重要内容。正如朱熹所说：“人不自知其病者，是未尝去体察省也。”（《朱子语类》卷十二），人的一生中过失是难以避免的，为了及时改过，使自身不断完善，人们应经常自省。先哲认为，修养的过程即是自强的过程，一个人能否实现自我完善全靠自己，别人是帮不上多少忙的，这便是所谓“君子求诸己”（《论语·卫灵公》）。如果一个人发自善心的行为未能达到所期待的效果，这时首先要做的也是自我反省，从自己方面去寻找原因。孟子说：“爱人不亲，反其仁；治人不治，反其智；礼人不答，反其敬。行有不得者皆反求诸己，其身正而天下归之。”（《孟子·离娄上》），孟子这种思想旨在激发人的主观能动性，体现了强烈的自律、自强精神。先哲认为，人们要想做到时常自省，就必须有一个虚心的态度。《礼记》说：“知不足，然后能自反也。”（《学记》），就是说，人只有清醒地认识到自己所存在的种种缺失、不足，自觉认为自己需要不断完善，才能做到时常自省。因此，自知乃是自省的又一前提。自省所体现的是一种严于律己、宽以待人的精神，吕坤曾说：“人人自责自尽，不直四海无争，弥宇宙间皆太和之气矣。”（《呻吟语·应务》），就是说，自省不仅是自身道德修养的重要方法途径，而且对促进人际关系的和谐，也具有重要意义。

第二节 中华传统文化在大学生中的缺失及成因

中国是历史文明古国，中国传统文化有着几千年的悠久历史，对它的继承和创新将有利于大学生个人素养的提高和社会进步。但是，现实生活中仍有不少人对中国传统文化知识和道德准则缺乏认知。即使是在充满文化气息的大学校园，一些大学生对中国传统文化模棱两可、漠然处之。当前大学生的主流思想是好的，另一方面，我们也应该看到，部分大学生在各种消极因素的综合影响和冲击下，他们的思想已经发生了错位和倾斜，甚至出现了方向性的问题。

一、缺乏对中国传统文化的足够热情

近年来，国内兴起了一股国学热的春风。在改革开放逐渐深入、社会变化日新月异的今天，实用性成为检验一种事物的标准。中国传统文化是否实用，是否适应当今社会和大学生德育教育的需要成为大家关注的焦点。

绝大部分大学生承认中国传统文化对个人的思想、行为、价值观等有非常大的意义和作用，也对一些基本的中国传统文化知识有所了解和掌握。比如，中国传统文化中的“见义勇为”“尊老爱幼”等，这是我们看到的比较让人高兴的一面。但同时，我们要看到，一些学生表示对中国传统文化没有兴趣，或者说是缺乏热情，这部分学生认

为，中国传统文化已经过时，不再适应当代大学生的时代需要了。仅就学生购买和阅读课外书籍的情况来看，我们发现大部分学生在购买文化资料时，多是购买娱乐杂志，这部分学生经常关心的是社会上的“追星”“选秀”等风潮，却很少主动学习能够帮助提高自身素质的中国传统文化。

二、缺乏对中国传统文化价值的全面认识

中国传统文化经过几千年的历史积累，难免夹杂着消极的东西在里面。比如，中国传统文化中因循守旧的价值观点会阻碍大学生的创新和进取精神；封建等级思想阻碍了大学生民主意识的养成等。而在对待这个问题的时候一些大学生往往走向了两个极端，一种是遮遮掩掩、避而不谈，一种则是极度的扩大化，甚至因一方面的消极思想而否定整个中国传统文化体系。这样的气氛在大学生群体中也很常见，甚至不乏个别专家学者也认为，中国传统文化是封建社会的东西，不适应目前民主与科学的新中国。如此的全面否定中国传统文化，结果造成部分大学生消极地看待中国传统文化所包含的价值，造成目前中国传统文化在大学生群体中难以为继的尴尬局面。

在受到市场经济消极思想、欧美个人利己主义和自由主义等价值取向的影响下，大学生群体中出现了轻视中国传统文化价值的现象，人为地割裂了个人与中国传统文化的联系，使大学生的中国传统价值观呈现出边缘化的危险局面。中国社会现实和世界浪潮的冲击，使一些国人丧失了对中国传统文化的兴趣，但是仍然有许多专家学者还在

探求中国传统文化的希望和真谛。国外对中国传统文化价值的挖掘和学习，应该刺激我们更加重视被遗忘的中国传统文化。应该引导大学生关注、了解、掌握中国传统文化的价值，以便能够在世界发展的进程中保持自己民族的特色。

三、缺乏对中国传统道德观念的完整认知

因为种种因素的影响，少数学生仍然存在一些与中国传统文化中道德观念不相符的现象。比如，一些大学生存在一定程度信仰不坚定、个人主义思想严重、集体主义思想弱化、社会公德意识淡薄。在处理物质与精神的关系上，只注重眼前的物质利益，忽视了个人的精神追求；在奉献与索取的关系上，只知道一味地索取，不思回报社会，人为地淡化自己的社会责任感，陷入了极端的个人主义泥潭中。甚至个别大学生连基本的文明礼貌都欠缺。

（一）理想信仰缺乏

信仰是一个人对人生观、价值观的态度和选择，是一个人价值观念体系的核心。中国封建社会时期，大部分人信仰传统学说，一句话来讲，就是中国人在古代是不缺乏信仰的。中国传统文化中有着关于做人的信仰，有着对待生死、命运的信仰，有着国与家的信仰，等等，内容丰富。

大学生的信仰问题，不仅对自身的成长至关重要，而且对国家和民族的发展进步有着重要的影响。出生于 20 世纪 80、90 年代的当代

大学生在应试教育机制下，在社会以考试成绩高低判断一个学生好与坏的环境下，在考上大学作为唯一目标的强制下，失去了人生的正确方向，迷失了自我。看看目前大学生的生活现状，他们中一些人高调宣扬追求生活享受、崇尚个人利益、甚至玩物丧志。相当一部分大学生本身毫无理想信仰，面对多种价值观的冲击，处于无所适从、迷茫和困惑的状态。绚丽多彩的大学梦一度成为大学生的人生理想和追求，但是，当大学生迈过高考这个门槛后，却认为从此可以过上天堂般的生活，从此他们便失去了理想目标以至丧失了学习的兴趣和动力，感到生活空虚，精神无处寄托。其中的一些人很难在今后的社会竞争中有所作为。

（二）缺乏社会责任感

在社会环境的影响下，中国社会方方面面都在发生改变，使中国传统文化失去了往日的地位和权威，新的道德标准又“五花八门”，没有一个统一的判断标准，这样的情形下人们的思想观念必然处于矛盾状态。一些大学生表现出强烈的个人主义和功利主义思想，忽视了对自己道德的修养和人文素质的培养，往往缺乏社会责任感和主人翁意识。社会生存压力的不断增大，使大学生在学习方面功利思想尤其明显。学生关心的是自己拿到了多少个技能考试证书，或者是大学期间荣获了多少荣誉证书，以及入党、评优评先等，为自己在未来的工作和发展中增添砝码。相反，却很少关注自己在道德修养方面的进步，这与大学生德育教育的初衷是有距离的。

当代大学生过分重视个人利益和前途，始终将自己的目标局限在个人理想的梦幻里，却忘记了自己是这个社会的一分子，忘记了个人目标的实现应该是与社会紧密结合的，造成部分当代大学生缺少主人翁意识，缺乏社会责任感。一些大学生，在利益关系上表现为以“我”为中心，凡事坚持以满足个人利益为出发点，崇尚“自我实现、自我价值”。当国家、集体利益与个人利益发生矛盾的时候，片面强调个人利益而缺乏为国家和集体的牺牲精神。

（三）道德认识与道德实践脱节

道德认识是道德实践的基础，道德实践是道德认识的目的。中国被世人称为礼仪之邦，中国传统文化历来重视对人们的道德教化。大学生群体是具有较高道德认识和自觉履行道德实践的群体。但是，目前的大学生中，却充斥着道德行为失范的现象，道德认识和实践，与中国传统文化理念存在严重的背离现象，应该引起我们的深思和考虑。大学生道德认识和道德实践的脱节问题，不是今天新出现的，应该说，一定程度上是近几十年来，与德育教育工作中只重视道德理论知识的传授而弱化了道德实践有关联。

德育教育的基本特色是知行合一，只有知行合一才能将道德认识内化为自觉行为。部分大学生道德认识和道德实践相脱节的主要表现：爱国主义思想强烈，但缺少社会责任感；有成才的意愿，但缺少刻苦努力；崇尚诚信，有些却考试作弊、弄虚作假；具有整体意识，但是将个人利益放在了首位；反感他人违反社会公德，但漠视自己违反社会公德的行为，等等。当代大学生道德认识与道德实践的严重不对称现象，明显违背了中国传统文化中的德育要求，使部分大学生形成了人前一套，背后另外一套的虚伪性格，影响了大学生在人们心目中的形象。

四、中国传统文化影响在大学生中减弱的原因

长期的应试教育体制下，无论是社会还是学校和家庭，都对学生的成长施加了片面的影响，导致学生片面追求分数高低，缺少对中国传统文化的全面认识，使中国传统文化在大学生德育教育中失去了依托和基础。

（一）社会环境的影响

1. 市场经济的消极影响

当代大学生思想单纯，社会经验尚浅，缺乏对市场经济导致的部分丑恶现象的正确理解，使中国传统文化价值观受到了冲击。一段时期以来，社会上个人主义、实用主义、享乐主义、金钱主义对中国传统文化和道德规范的冲击，甚至使一些大学生对中国传统文化观念产生了怀疑。

2. 信息化和网络化的影响

随着全媒体时代的到来，视觉感官的刺激对学生产生更强的导向作用。本来应当起到社会正面引导作用的新闻媒体、网络媒体等，在物质利益的驱使下，夹杂欧美腐朽价值观念和虚构篡改历史事件的影视作品屡禁不止，严重影响了大学生价值观的形成。

此外，网络在带给人们方便的同时，也引起了中国传统文化的剧

烈震荡。网络中多种文化观念使大学生处于难以选择的境地，对学生的人格和思想造成强烈的扭曲。一些大学生精神空虚，将大量时间浪费在网络上，不但荒废了学业，更使他们变成了冷漠、孤僻的性格，深刻影响着他们的政治态度、道德品质和价值取向，从而可能引发一系列的社会问题。

3. 文化多元化的冲击

改革开放后，尤其是我国加入 WTO 以后，多种文化纷纷涌入，使中国传统文化地位遭到严重的削弱和冷落。多元文化给社会的各个领域同时树立了多种价值标准。中国传统文化、欧美文化、网络文化相互交织在一起，严重扰乱了大学生的思想观念、道德认识、生活方式和价值追求，使之失去了明确的价值判断，让大学生德育教育面临严峻挑战。

（二）大学生自身因素的影响

中国传统文化在大学生群体中缺失有着多方面的原因，其中，处于主体地位的大学生自身因素是根本内因。

1. 大学生学习动机错位

由于应试教育机制的影响，学生的学习动机往往是为了考试及格，为了获取某种荣誉，使道德认识始终是在“纸上谈兵”，而不是通过学习来满足和提升自身的道德需要。大学生的这种学习动机造成了学习与需要之间的脱节，难以将道德认识落实到道德实践之中。

2. 大学生缺乏自控力

大学生必须具备学习、吸收和内化道德认识能力和将道德认识落实到道德实践的自控力。当代大学生虽然接收信息的渠道不断拓宽，自我控制力也在随着年龄的增长而提高，但是，毕竟受社会经验和阅历的影响，导致部分大学生缺少主见和辨别是非的能力，使他们还没有定型的价值观念容易发生扭曲和改变。大学生自控力的不足，往往使大学生道德意志力不坚强，导致大学生在道德认识和道德实践中缺乏自主性，缺乏学习和研究中国传统文化的主动意识。

3. 大学生心理不成熟

大学生心理素质的健全和成熟是接受中国传统文化的基础和前提。大学生正处于心理发育的黄金时期，他们有着丰富的理论知识，喜欢接受新奇的事物，这种心理特点使他们在市场经济的浪潮和多元文化的冲击下，极其容易受到一些消极和腐朽思想的影响，从而对中国传统文化价值观念产生怀疑和抵触心理。

（三）学校缺少中国传统文化教育

1. 应试教育机制下忽略了中国传统文化教育

爱因斯坦认为："教育应该是忘却了在学校学得的全部内容之后所剩下的本领。"爱因斯坦还讲："知识是死的，而学校却要为活人服务。它应当在学生中传授那些有益于公共福利的品质和知识。但是，这并不意味着要消灭个性，使个人仅仅成为社会的工具，像一只蜜蜂或蚂蚁那样。因为一个由没有个人独创性和个人志愿的统一规格的人所组成的社会，将是一个没有发展可能的不幸社会。相反，学校的目标应当是培养独立工作和独立思考的人，这些人把为社会服务看作自己最高的人生目标。”目前，许多学校实行的应试教育体制恰巧与之相反，片面强调向学生强制灌输理论知识，这是一种僵化的教育模式。在教育过程中片面重视学生学习成绩，忽视了学生人文道德素质的培养，尤其是忽略了具有几千年悠久历史的中国传统文化教育。一个没有良好中国传统文化素质的人，是很难有良好的德育，而离开了德育的智育也是苍白无力的。

2. 学校德育内容缺少中国传统文化元素

学校教育的主体应该是受教育者。表面上看，教育过程是一个学生全程参与的过程，实际上，学生始终是在被动的地位上，因为要教给学生什么，学生应该怎么学，都已经被老师事先安排好了。目前，进行德育教育的是结合我国实际的马克思主义理论。但由于德育内容很少能够与学生的日常生活结合起来，很难很好引发学生的兴趣。教师在教学过程中也片面追求成绩，而对学生日常生活中出现的不讲信用、不守纪律等基本中国传统文化素质的欠缺却视而不见。

3. 教育者中国传统文化知识储备不足

人与人之间是互相影响的，教师和学生也是一样。如果一个教师具有丰富的中国传统文化知识，那么，他在教育过程中就能够充分发挥中国传统文化的价值，对学生进行教育。学生长期处于这样一个浓厚的传统文化氛围中，必然会自觉或者不自觉地形成个人正确的中国传统文化观念。而目前多数高校尤其是理工类学校，缺少拥有中国传统文化素质的教师队伍，有的学校虽然设置了人文学科，但是，也大都没有开设中国传统文化教育课程，更不要说，建立一支具有较高中国传统文化素养的教师队伍了。

（四）家庭教育的影响

一个人最先接受的是家庭教育的影响和熏陶，良好的家庭教育是孩子早日形成中国传统文化观念的基础。然而，由于现实环境的影响，家庭教育也出现了新问题。

父母在教育理念上过分注重孩子的成才培养，却恰恰忽略了对孩子进行人文素质的培养，对孩子在中国传统文化尤其是传统美德教育上极为漠视，在一定程度上切断了通过家庭教育使孩子接受中国传统文化的途径。有的父母将教育孩子的责任一股脑儿地推给了学校和社会。尤其是当孩子考入大学以后，多数父母便认为孩子大了，不需要再像以前一样管教了，进而放松了对孩子的要求和教育，使大学生处在了一种家庭教育的真空状态。

第三节　中华优秀传统文化在大学生德育教育中的实现策略

改革开放以来，不同的思想文化发生了前所未有的激烈碰撞。在这种复杂环境下成长起来的大学生，对很多文化观念的理解都是似是而非的，感到彷徨和迷茫，甚至导致错误观念的形成和错误行为发生。中国传统文化源远流长，它所包含的内容和思想博大精深，对造就适应 21 世纪我国现代化事业的建设者和接班人具有极其重要的意义。面对当前复杂多变的社会环境，如何充分、合理、科学地利用中国传统文化，来强化大学生德育教育，使培养出的大学生不仅具有先进的科学理论知识，还要具备较高的人文素质和高尚的道德观念，是我们整个社会和大学生德育教育中不得不面对的问题。作为一名德育教育工作者，应树立起进一步“解放思想，勇于实践，勇于创新”的工作思路，善于并积极地挖掘中国传统文化的优秀内容、优秀思想和优秀方法，作为大学生德育教育的宝贵材料，有针对性地对当代大学生进行中国传统文化方面的教育、熏陶和引导，努力寻找传统和现实的结合点，继承和发扬中国传统文化。只有这样，才能使中国传统文化在大学生德育教育中实现它的价值。

一、营造具有浓厚中国传统文化氛围的环境

一个人不可能独立于社会之外而生存，只有在社会环境的影响下，才能形成一定的价值观念和道德品质。随着高等教育教学改革的深化，学校已经改变了以往封闭式的管理，逐步走向开放。这种变化的出现使大学生接触社会的机会越来越多，同时受到了社会上各种社会思潮、价值标准的强烈冲击，影响了大学生的人生价值取向。社会环境是一种更广泛、更重要的教育，学校教育只是个人成长阶段的一段插曲，而不是教育的全部。学生在学校接受教育时，不可避免地还要同时接受社会教育。为了使大学生群体很好地继承和发扬中国传统文化，必须通过切实可行的措施，营造富有中国传统文化气息的社会环境，营造一个全社会尊重和倡导中国传统文化的良好社会环境。

（一）社会环境的营造

首先，教育、文化等相关政府部门要切实加强政府的主导地位，从制度上对中国传统文化进行普及和保护，促进中国传统文化的发扬光大。比如，制定相关的目标责任和体制机制，将中国传统文化教育纳入到公民道德体系建设的总体规划中来，将中国传统文化教育放到优先发展的战略地位，做到思想上高度重视，财力和人力上大力支持，使中国传统文化的传承有据可依、有章可循，真正落实到大学生生活的方方面面中去。同时，注意激发、培养大学生学习中国传统文化的热情和兴趣。比如，各地应多开展各种有益的中国传统文化教育活动，诸如中国传统文化知识讲座、传统文化宣传月等活动，以大学生所喜闻乐见的形式，对中国传统文化进行推广。其次，政府要在大力营造良好社会环境的同时，采取有力措施加大惩治社会不良风气和丑恶现象的力度，根除丑恶的不良风气，净化社会环境。比如，社会上存在的不健康的娱乐方式、腐败问题、信用问题等，严重不符合中国传统文化价值观的现象和行为。最后，应重视民间中国传统文化的保护，积极发展民间保护组织。由于中国传统文化历史悠久、种类繁多，导致许多文化遗产未能得到政府部门的重视和有效保护，使其处于了自生自灭的境地。而民间保护组织因为缺乏资金、人力等原因，又难以承担中国传统文化保护和传承的主要责任，造成许多优秀的中国民间传统文化面临消失的危险。为此政府有责任整合资源，调动一切社会力量，加大对民间组织的扶持力度，形成全民参与到中国传统文化保护的局面，依靠人民自发传承和发扬中国传统文化。

（二）舆论环境的营造

随着社会的进步和发展，传媒技术的不断革新和高速发展，加快了文化的传播速度、广度和深度，对中国传统文化知识的传播发挥日益重要的作用。但是，目前我们对中国传统文化的传播力度严重不足。各级各类新闻媒体为了经济利益，多进行广告、选秀、追星，以及一些无聊的娱乐节目播放，缺少中国传统文化的舆论导向。这样有可能导致大学生对中国传统文化的认识不清甚至是误解，使中国传统文化的传播严重受到干扰。只有通过媒体的宣传和舆论导向，才能使中国传统文化走进我们的生活，才能让中国传统文化重新深入人心。因此，要充分发挥大众媒体的积极作用，不要仅仅为了追求经济利益而忽视了社会效益。大众媒体要切实担负起中国传统文化传承的纽带和桥梁作用，努力创作能够符合时代特征，民族特色能够陶冶情操的优秀文化作品，努力做中国传统文化的传播者，引导大学生树立正确的中国传统文化观念，提升审美水平和道德修养。

（三）校园文化环境的营造

校园文化是学校的生命所在，是学校全体师生在长期的教育教学实践过程中积累的精神财富，一所历史悠久的学校必然有着深厚的校园文化底蕴。我们应该努力营造具有深厚中国传统文化底蕴的校园文化环境，使每一个学生都处于这种氛围的熏陶中。

我们可以在学校宣传栏和走廊墙壁上多布置一些中国传统文化中的名言警句，多悬挂一些民族英雄和历史名人的肖像，使中国传统文化与现代校园环境建设有机地结合起来，巧妙地打造一个精致而富有中国传统文化气息的环境，潜移默化地引导学生热爱中国传统文化。另外，采取学生喜闻乐见的方式，将中国传统文化融入丰富多彩的校园文化活动中。在教师的指导下，通过学生自我管理、自发组织各类活动，既为自己营造一个良好的中国传统文化氛围，又丰富了校园文化环境的内涵。学生亲身领悟到中国传统文化的精华，更有利于学生对中国传统文化知识的内化和升华。

（四）家庭环境的营造

父母是学生的第一任老师，家庭是学生接触的第一个环境，父母的一言一行和家庭环境的熏陶，对学生的一生都将产生不可磨灭的影响。努力消除家庭环境中影响学生成长的负面因素，营造一个富有中国传统文化气息的家庭环境，将有利于学生对中国传统文化的认可和接受。在现实环境中一些父母没有对孩子进行中国传统文化的引导和教育，甚至部分家长认为，中国传统文化等各方面比发达国家要差得远，认为孩子用来学习语文、历史的时间还不如用来学习英语，存在一定的崇洋媚外心理。因为各种原因，有的父母缺少时间来和孩子进行交流，更没有时间去引导孩子学习中国传统文化。有的父母则没有很好关注孩子的个人意愿，让孩子片面追求应试知识的学习，而忽视了对孩子进行正确的中国传统文化教育，尤其是传统德育观念。父母应该意识到，这种错误行为和思想对孩子的影响，应该培养自己拥有良好的传统文化素质，能够对子女出现的困惑和迷茫进行疏导，能够做子女的良师益友；再者，父母不能因为子女处于大学阶段，就放松对他们的管理和要求，因为这个阶段的孩子正是价值观形成的主要时期，父母应该更加重视对子女的品德教育，健全子女的人格和道德素质。对于离开父母开始独立生活的大学生来说，父母应该充分信任和理解，尊重子女的思想和自由，同时，又要多关心他们，多了解他们的想法；最后，父母要加强与教师的沟通，配合学校做好孩子的教育管理工作。

二、改变中国传统文化在高校的弱化现象

高校作为培养国家高素质人才的主阵地，必须有效地开展对大学生的德育教育，培养合格的社会主义建设者。高校德育工作中引入中国传统文化，就为学生寻找到一种品德修养的传统渊源，夯实了学生品德发展的文化基础。因此，高校必须加强对学生的德育教育，通过课程体系和内容改革等方法，努力发掘和利用中国传统文化，营造高品位、高层次的传统文化氛围，以培养学生的高尚品质。

（一）加强组织领导和制度建设

目前，我国多数高校对自然科学研究成果比较重视，对人文学科的发展关注却比较弱化，对中国传统文化知识的普及，更是缺少响应的倡导和鼓励措施，严重削弱了人文学科教师的工作积极性。为此，学校有必要成立相关的领导组织机构和完善规章制度建设，为顺利推进中国传统文化教育的开展提供制度保障。为此应该做好以下几项工作：

首先，要成立和健全领导负责制。成立中国传统文化教育领导小组，由分管学生工作的校领导主管该项工作，有关部门、学院（系）领导应各负其责的领导管理机制。其次，要健全规章制度，制定关于中国传统文化的教学任务目标，在教师的日常管理中和学生综合测评及日常考核中增加中国传统文化素质考核，直接与教师职称和学生的评奖评优挂钩，以便保证中国传统文化教学任务的完成和教育质量的提高。最后，不要一味地追求专业设置的增加和高楼大厦的建设，学校要设立中国传统文化教育专项基金，并切实保证专项基金的投入，鼓励在中国传统文化的创新与普及，同时将中国传统文化的研究成果与其他科研成果放在同等地位上，提高人文学科教师地位，激发他们的工作积极性。通过以上领导管理体制和规章制度的建设，希望能够保证中国传统文化教育在高校能够落到实处，确保该项工作能够扎实推进。

（二）调整课程设置

高校目前的课程设置中重理轻文，忽视了自然学科与人文学科的统一。其中，人文学科的教学内容中还严重缺乏中国传统文化的相关理论知识。高校对大学生进行德育教育，过多地集中在政治教育，缺少中国传统文化中关于人格和道德的培养，使得德育工作缺乏力度和实效，现阶段的大学生德育教育需要一场革新。

要通过对学科、专业设置的调整，来改良德育教育机制，改善各个学科互相独立、互不统一的单向关系，逐渐实现“你中有我，我中有你”的相互融合，构筑合理的学科知识体系。尤其要在各个人文学科中积极地渗入中国传统文化元素，使各学科的大学生都能沉浸在中国传统文化的知识海洋中，最终实现传统与现代的统一，帮助其树立正确的价值观、道德观。剔除中国传统文化中的等级观念、迷信思想等糟粕思想，中国传统文化的基本内容和思想对大学生的培养是有正面教导作用的。在德育教育内容上，应该在对大学生进行以“两课”为主的思想教育过程中，适时地将中国传统文化中的优秀思想融入其中，充分利用中国传统文化的感化功能对大学生进行教育，提高“两课”的教育效果。

（三）调整教育方式并提高德育教育实效性

现阶段我国大学生德育教育多采取课堂说教的形式，方法单一，陈旧而且僵化，难以触动学生的内心深处。中国传统文化中倡导实践的思想，能够帮助德育教育工作者走出误区。课堂教育不是德育教育的唯一阵地，应该带领学生走出课堂，走出校园，到社会中去感受，让德育教育更贴近学生的生活，让本来枯燥无味的德育教育更有人情味。这样更能震撼学生的心灵，更容易为学生所接受。

除了充分发挥中国传统文化中提倡的实践教学方法外，还要充分发挥现代技术作用，创新教学方法。比如多媒体技术、网络资源等，将中国传统文化及其他优秀思想通过比较直观的视觉反映直接刻画在学生的印象中。课堂教学中也应采取互动式的教学方式，为学生之间提供更多的学习和交流机会，既发挥了学生的主体地位作用，又拓宽了教学内容和学生视野，活跃了课堂气氛，使学生能够产生学习的乐趣。

（四）提高教师的中国传统文化素质

教师在一定程度上成了学生的风向标和指示牌。要提高学生的中国传统文化素质，首先要提高教师的中国传统文化素质。因为教师的素质如何直接影响到学生。

首先要按照中国传统文化中对教师的要求，注重师德。目前，我国正处于社会转型时期，各色各样的价值观念和道德现象充斥在社会中，使人们的价值观念和道德观念发生扭曲变形。在这种形势下，教师更应该发扬“捧着一颗心来，不带半根草去”的高尚师德情怀，自觉加强中国传统文化的学习，发扬以身作则的工作作风，真正做到为人师表。随着知识时代的快速发展，知识更新速度的不断加快，作为一名教师不应该满足于原有的知识。应该树立终身学习的思想，不断提高自己的专业知识，不断丰富中国传统文化知识，掌握中国传统文化中关于学生教育的先进思想和方法。只有这样，才能在教学过程中贯通中西，才能充分调动学生的学习兴趣和求知的欲望。同时，学校应该培养一批中国传统文化教育方面的骨干教师，组织和帮助广大教师接受中国传统文化知识方面的培训，使教师能够走出相对比较封闭的校园环境，开阔视野，进而提高自身的传统文化素质。

三、充分发挥大学生的主体地位

大多数学生认为，中国传统文化对自己是有帮助的，他们对学习中国传统文化有着浓厚的兴趣，这就为我们在大学生群体中有效开展中国传统文化教育奠定了基础。问题的关键是，应该如何发挥大学生自身的主观能动性，充分将他们对中国传统文化的兴趣转变成学习的动力，使他们能够主动和自主学习。

（一）大学生要认识自我

目前，我国处于政治、经济、文化等各方面转型的关键时期。这一过程是长期的、复杂的，必然引起大学生传统的思想道德观念、行为规范和价值观念的颠覆，导致大学生“主体性”的迷失。例如，一些大学生追求物质享受、功利化的同时，产生了基本道德规范失衡、责任感缺失等不良行为。目前社会发展要求的不仅仅是需要纯技术性、知识型的人才，更多的是，需要具备综合素质的综合型技术应用人才，尤其看重道德品质。这就要求大学生不仅要具备某项知识技能，还要具备良好的文化素养和道德品质。

大学生如果清醒地认识到自己的处境，认识到自己在中国传统文化素质和道德观念的缺失现状，相信他们会改变自己原来的方法，在努力学好专业知识的同时，自觉地努力学习中国传统文化知识，不断提高个人道德修养和传统文化素质，把自己培养成德才兼备的、社会需要的优秀人才。

（二）大学生要认识中国传统文化的价值

中国传统文化素质的培养是一个长久的过程。但是，目前部分大学生却存在急功近利的思想，难以坚持学习中国传统文化，也难以看到中国传统文化为他们带来的长远益处。在全球化的冲击下，各种思潮和多元文化使大学生难以抉择和把握传统文化的方向。尤其面对发达国家的文化冲击，部分大学生丢弃了中国传统文化，转而在欧美文化中寻找出路和精神寄托。看看我们的身边，无论是服装、娱乐方式、饮食还是传统节日，部分大学生更喜欢选择欧美的舶来品。大学生有必要对中国传统文化的价值有一个正确的了解。中国传统文化博大精深，它包含着丰富的德育思想和个人修身的方式、方法，这些在历史传承下来的古典经史子集中都有所体现，其内容丰富，思想深奥，形式多样，富有感染力，是我们现代人所望尘莫及的。大学生要深深地去品味和理解中国传统文化中的独特价值和魅力，认识到中国传统文化在中国几千年的历史中发挥的重要作用，认识到中国传统文化对个人发展所具有的重要价值。

（三）大学生要重视实践

中国传统文化中强调道德认识与道德实践的统一，即要做到“知行合一”。大学生的道德认识与道德实践是否相互统一，是衡量其价值观念成熟的主要标志，是决定大学生将来成人成才的主要内因。但目前大学生的道德认识和道德实践存在严重的脱节现象。大学生不仅要认识中国传统文化价值，树立正确的价值取向，提高学习的兴趣和热情，更要积极地参与到社会实践中去。在为祖国和人民服务，为社会做贡献的实践基础上，不断感受、内化、固化已经形成的中国传统文化价值观。从生活中的点滴小事做起，从中获取道德认识，成为一个有着深厚中国传统文化理论知识的、品质高尚的人。

四、批判地继承和创新中国传统文化

中国传统文化是一把“双刃剑”，精华与糟粕并存，具有明显的两面性。用得好，能够帮助大学生人生观、道德观和价值观的形成；用得不好，可能使学生走向反面。同时，中国传统文化历经几千年，富有创造性和创新性，只有不断地创新和丰富它，才能让它永葆青春，发挥它应有的作用和价值。

（一）批判地继承中国传统文化

中国传统文化历史时间长，空间跨度大，每个发展阶段和每个历史朝代都增加了不同的内容，构成的成分比较复杂。大学生必须保持清醒的头脑，坚持批判继承的原则，取之精华，弃之糟粕。首先要继承，中国传统文化中许多有价值的东西，客观公正地反映了事物的本质和规律，反映了中国人民几千年来积淀形成的价值观念和道德观念，是应当继承和发扬光大的。例如，爱国主义、集体主义、诚实守信、勤劳勇敢以及与人为善等思想精华。

中国传统文化中的消极思想也足以使大学生迷失心智、涣散人心，这已经有前车之鉴。必须保持清醒的头脑，分清好与坏的成分，做出正确取舍。大学生应树立正确的判断标准，那就是凡是有利于国家发展、有利于人民幸福的都要继承和发扬，凡是阻碍社会进步的都要加以批判和消除。只有确立了判断标准，才能使自己认清形势，对中国传统文化做出正确的判断，才能树立正确的道德观念，推进中国传统文化的发展和延续。

（二）创新中国传统文化

中国传统文化有着辉煌的历史，在社会主义现代化建设的伟大实践中，我们一定会创造出更加绚丽多彩富有中国特色社会主义的文化，对人类文明做出新的贡献。目前，中国传统文化传承和发展的物质基础，所处的社会环境以及传播方式都发生了天翻地覆的变化。对待中国传统文化，应该发扬与时俱进的精神，勇于推陈出新，使其符合时代要求，使中国传统文化在新时期仍然是全国各族人民奋勇前进的精神动力。中国传统文化富有创新性和包容性，才使它不断超越旧传统，得以在几千年的历史发展中不断地完善和发展延续。

历史的经验告诉我们，任何一种优秀的传统文化，只有符合时代节奏，不断地改造和创新，才能保持永不枯竭，旺盛的生命力。在保持中国传统文化主体性的同时，必须敢于突破旧的传统模式，敢于采用新的观念来代替旧的观念，积极地面向未来。只有这样，才能真正保证中国传统文化永远与时俱进，才能被大学生和广大人民所接受，才能使中华民族的优良传统得以继承和发扬光大。

五、处理好与其他文化的关系

在全球化的今天，大学生面临着多种文化潮流的影响。例如，中国传统文化和现代文化、本土文化与外来文化等。部分大学生没有很好地将不同的文化观念统一起来，而是人为地将其对立起来，这都是不对的。

（一）正确处理中国传统文化与现代文化的关系

现代文化作为传统文化的延续，是为了适应时代潮流而对传统文化的继承、发展和创新。部分大学生在对待中国传统文化与现代文化时，没有清楚地认识到历史与现在、历史与未来的关系问题，将中国传统文化简单粗暴地划归到“历史糟粕”的行列中去，将中国传统文化与现代文化对立起来。其实，任何现代文化都是通过实践总结，从传统文化发展而来的。否则，现代文化也将成为无源之水、无根之木，缺乏适应性和生命力。对待中国传统文化，万万不可采取全面否定的态度，要坚持具体问题具体分析的原则，在社会实践中对其进行检验，实事求是，清除不适合时代社会发展的内容，继承和发展有价值的东西。

（二）正确处理中国传统文化与外来文化的关系

随着全球化的深入，科学技术的不断进步，世界各国不同的文化相互交流、渗透、融合的步伐不断加快。不管是哪一种文化，都有其优点和缺点，有其相通之处。对待其他外来文化，不应该全盘否定，应积极利用其先进思想理念，以我为主为我所用。中国传统文化在几千年的发展历程中，不断融合其他文化，使内容更加丰富，生命力更加旺盛。因此，在对待外来文化问题上，既要顺应时代潮流，积极地吸收借鉴外来文化的优秀思想和有益成果，又要保持清醒的民族意识，保持自己的民族特色，这才是中国传统文化发展的必由之路。

1. 取其所长并为我所用

面对外来文化的影响和冲击，我们不必惊慌失措。与其否定或是排斥，还不如进行有益的引导，使其沿着我们希望的方向发展，符合我们的利益。必须从我国的基本国情出发，对外来文化做出正确地取舍，而不是犯教条主义的错误，盲目地进行照搬、照抄。对于一切有利于加强我国社会主义文化建设，有利于提高广大人民群众精神文明建设的成果、经验和管理方式，我们都要积极地研究、吸收和借鉴。只有积极吸收外来文化中的优秀文明成果，坚决批判和抵制外来文化中腐朽落后的文化观念，将中国传统文化与外来优秀文化融合起来，相互吸收和借鉴，才能更好地继承和发扬中国传统文化。

2. 保持中国传统文化的独立性

世界各国文化体系都面临多元文化的冲击，如何保持和发展本民族文化的主体地位，已经成为当今世界范围内各个国家和民族所关注的重要事情之一。在吸收、借鉴外来文化的时候，切不可放弃中国传统文化的主体地位。否则中华民族所特有的传统、历史、思想、文化和行为习惯等，都会在外来文化的强势冲击和影响下慢慢衰败，直至走向消亡。一个国家和民族一旦失去了本民族的传统文化，那么，它的独立性也就随之消失了。在对待外来文化这个问题上，一定要坚持中国传统文化的主体地位，努力提高中国传统文化的质量和竞争力，保持中国传统文化的独立性，增强中国传统文化自身发展的活力，使中国传统文化更好地为大学生德育教育服务，引导大学生沿着健康的方向和正确道路走向未来。

一切价值活动的目的都指向其价值的实现。实现中国传统德育智慧的当代德育价值，首先要明确中国传统德育智慧的当代德育价值的实现。设立实践目的有利于规范、促进实践活动，最终达到理想效果。要实现中国传统德育智慧的当代德育价值，还需要明晰实现原则，同时找到实现的途径。

六、加强对大学生学习优秀传统道德思想的正确引导

将中国优秀传统道德作为文化载体引入大学生德育是一个重要的举措，高校德育工作者应引导大学生树立科学的道德观，将中国传统德育的精髓引入德育体系中，发挥其在大学生德育中的作用。

（一）引导大学生形成正确的道德观

作为一个历史悠久的泱泱大国，中国传统文化在塑造中华民族国民性方面发挥着极为重要的作用。中国传统德育属于中国传统文化的一部分，在不知不觉中已深深地融入中华儿女的内心，充分体现在了中国人的日常生活之中。在人类文明视野中对传统德育加以定位，既不贬低，也不夸大，结合历史和当下世界形势，批判地继承中国传统道德思想，引导大学生形成一种正确合理的道德观。首先，要始终保持对优秀传统道德思想的崇敬和自豪。中国是在没有彻底破坏氏族血缘关系的情况下由野蛮走向文明，从而建立国家的。这就决定了在社会结构中，家是国的基础，国是家的延伸，家与国一体。古代先贤也始终认为，治家之道与治国之道、处世之道是一致的，以治家之道即可治国、处世。中国传统伦理道德具有极强的政治性，中国的历代立

法律制都是“一准乎礼”的，也就是政治伦理化。当代大学生要始终保持对传统文化的坚定追求，要对中国特色社会主义文化的发展充满信心，树立自觉弘扬社会主义先进文化的主人翁意识，对社会主义先进文化有自觉和自信。

（二）立足高校德育目标，弘扬优秀传统德育智慧

普及和充实中外相关文化知识，尤其是将中国传统德育智慧内容纳入高校思想政治教育理论课体系中，将中国优秀传统德育智慧与高校德育目标相融合，是提升当代高校德育水平的重要途径。只有不断学习和了解中华民族的传统德育智慧，从多维度多视角审视民族文化，才能找到完善和创新中华民族文化的方向。大学生要熟知中华民族传统德育智慧的发展历程和发展趋势，真正理解领悟诸如“失信不立，诚实不欺”“曲则全，先人而后己”等道德思想知识，挖掘其现实价值，为当代高校德育建设打下坚实的知识根基。当代大学生要努力学习中国传统德育智慧。学习传统德育智慧可使大学生深刻理解社会主义核心价值观的重要意义，学会如何把个人发展与民族、人类发展结合起来；有利于提升当代大学生的精神素质，保持一颗追求真善美的纯真之心，树立民族文化自信。同时，不管是文科还是理工科，未来走到工作岗位上，都需要具备相应的专业知识，否则即使有心为社会做贡献，也无能为力，甚至还会适得其反。当代大学生要在接受基础专业知识的同时开阔视野，将优秀德育思想内容贯穿到大学生的专业课程教育中去，掌握传统德育智慧，促进民族文化认同，全面学习各类科学知识，竭力完善自己的知识结构，培养浓厚的民族文化感

情，树立正确的科学观、文化观，以现代科学知识“教人”，以传统德育智慧“育人”。

（三）强化对传统德育智慧的现代价值认识

中国传统德育智慧对于当代大学生德育具有诸多启发意义和借鉴价值。如孔子说：“信则人任焉。”（《论语·阳货》），左传中记载，“失信不立”（《左传》襄公二十二年），古人又指出，对君主来说，“祸莫大于无信”，“周幽以诡烽灭国，齐襄以瓜时致杀”（《傅子·义信》），从我国古代先哲守信必然获益，失信必取祸的道理和事实来提倡、引导人们守信，对于当今社会建立诚信机制，采取切实有效的措施惩罚失信者与失信行为等具有现实价值。再如，重礼是中国传统伦理道德的又一基本精神，无论是孟子所说的：“有礼者敬人。”（《孟子·离娄下》），还是荀子提出的“敬人有道，贤者则贵而敬之，不肖者则畏而敬之。贤者则亲而敬之，不肖者则疏而敬之。其敬一也，其情二也”（《荀子·臣道》），都认为人应当学会尊敬他人，学会为人处世、待人接物、与不同人交往的方式方法。由此可以看出，自古代起，中国文化即是一种礼乐文化，礼被看作是“人之所以为人”的内在规定。经由长期的浸润和熏陶，礼已从外在的强制逐渐成为人们普遍的内在自觉，被社会所普遍认同。这种源远流长且根深蒂固的传统，确实起到了使“人人纳于轨范之中”的效果。一个不守礼的人无论是在古代还是现代社会都是难以立足的。还有很多传统文化内容在价值观多元化的现代社会，对于解决人们之间的“道德冷漠”“道德绑架”“道德攻击”等问题均具有一定的现实价值。

因此，要提升当代大学生的文化鉴别能力、民族道德认同感，增强道德意识的敏捷和活跃程度。让学生在多种文化交流、交锋过程中，通过对比分析、相互比较，做出理性的选择。做到真正参与到当代社会主义道德建设中去，让学生用发展的观念去挖掘中国优秀传统道德思想的现代德育价值，学会运用所掌握的道德理论知识解决现实道德问题。引导学生敢于发挥自主选择的权利，让学生在这一过程中自主发现问题，寻找方法，解决困难，坚定道德动机，成就当代大学生的真实道德品性。当然，高校教师作为德育的引导者，在突出当代大学生的主观能动性的同时，也要坚决维护和谐、良好的德育环境。

七、创新中国传统德育智慧融入当代大学生德育路径

当代高校德育正是在现代化进程中发展。处于一个全球化的时代，我们对当代高校德育的思考一定要在人类文明发展的长河中加以定位，用费孝通的话说，那就是“各美其美，美人之美，美美与共，天下大同”。这也要求我们要立足中国传统德育智慧，放眼当下人类文明，培植具有自由、平等、民主、尊严和独立等具有人文关怀的现代意识的大学生。总之，确立具有中华民族特色的高校德育目标，要创新中国传统德育智慧融入当代大学生德育路径，提高当代高校德育水平。

（一）开展各式各样的优秀传统德育实践活动

在高度重视思想政治理论课的同时，可以巧妙地运用隐性教育

法。所谓隐性教育是指隐藏教育主体和教育目的，通过非正式的教育形式，将教育内容渗透于环境、文化、娱乐、制度和管理等教育对象日常生活所接触到的教育性因素中，从而引导教育对象自主感知教育内容、自主选择教育信息和自主内化教育内涵的一种德育方式。应把对大学生的优秀传统道德教育融入到多种多样的实践活动中去。将对大学生的优秀传统道德教育变“活”，自然就会变“火”。高校应当建立校友理事会，健全校友理事会工作机制，定期邀请优秀校友回校与在校学生座谈，与在校大学生分享自己一路走来如何面对困难、挫折、甚至“诱惑”而逐步走向成功。这将对在校大学生起到积极的示范效应。各高校应坚持开辟多种渠道的学生社会实践和社会服务，让学生在广阔的社会生活中认识社会、寻找自己的定位，将理论课程与入脑入心的实践活动结合，提升当代大学生在实践中的获得感和满意度。让广大学子入耳、入脑、入心，怀揣赤子之心，沐浴在这种伦理道德教育氛围中，自然而然形成良好的学习、生活习惯。

（二）综合运用新媒体时代多种德育载体

新媒体时代的德育载体，也是大众传媒载体，即以大众传播为德育载体之意，指德育主体通过各种大众传播工具向广大群众传递德育内容，形成了多渠道、多方面作用于青年大学生的局面。当代大学生对文化的选择趋于多样化，其开放性、自由度都比较大。高校德育工作者要以新媒体为载体，将传统德育智慧与现代文化载体融合，进而提高大学生德育的时效性和科学性，发挥其对大学生学习德育智慧的引导功能。

一方面，通俗化的优秀传统道德教育。传统道德的内容是我们无法选择的，但可以选择对待传统道德的态度。以一定的批判反思态度对待传统德育，以当代大学生可接受的视角和水平角度，结合当前文化传播环境，传播中国传统德育智慧。可以是运用当代的“流行词语”类比当代社会现象，以电视、电影和网络媒体等形式，对古代典籍进行解读，充分挖掘传统道德经典著作中的现代价值，使晦涩难懂的古籍变得明白无误又趣味横生，使得中国传统德育智慧在当代高校德育中发挥积极作用。当代高校德育应充分利用新媒体资源，将传统道德教育经典原著以影视作品形式展现，讲述新时代的中国传统道德文化故事。

另一方面，网络化的优秀传统道德教育。比如，可以通过慕课等新媒体平台，充分利用优质师资资源，利用互联网的传播优势，将孔子、儒学和中国优秀传统文化传播到全世界。当代高校德育工作者，可以充分利用网络音视频这一方便、快捷又易被当代大学生接受的载体讲述中国优秀传统道德思想故事，讲好现代化德育课程。

由于网络内容良莠不齐，要想利用网络阵地让学生学到积极有意义的东西，要先保证纯净的网络环境，为当代大学生提供良好的学习环境。

八、建构高校传统道德教育的保障机制，树立全员育人观念

将中华优秀传统道德教育融入高校德育是一项巨大的系统工程，

首先要树立全员育人的观念，加强对当代大学生优秀传统道德教育的组织领导、完善评价和督导机制等措施，可以切实有力地推进中华优秀传统道德教育与当代高校德育的融合。

（一）建构高校传统道德教育的保障机制

1. 组织领导保障

首先要坚持党组织在高校德育中的核心地位。党的领导是大学生德育的核心保证，坚持党委的统一领导，高度重视高校传统道德教育工作。通过加强课程体系建设，创新学生活动形式，丰富活动内容等途径认真履行高校德育的职责，把加强和改进高校德育的各项任务真正落到实处，成为开展德育的坚强堡垒。其次，要建立和完善高校德育行政运行系统。行政管理部门的领导干部要在党委的部署下，共同参与高校德育，要在做好高校的教学、科研和管理等业务工作的同时，分析广大师生的思想状况，切实做好师生的德育工作。

2. 工作队伍保障

首先，要建设结构合理、专兼职配合的德育工作队伍。德育工作队伍包括党政干部、共青团干部、思想政治理论与哲学社会科学课程教师、思想政治辅导员等专职德育人员与以名望较高的退休教师以及党务工作干部、学生党员等为主要力量的兼职人员。通过专职、兼职人员互相合作，可以有效缓解当前高校大众化迅猛发展造成的德育资源有限性和需求迅速扩大性的矛盾，调动更多的人参与、从事德育活动，扩大德育的覆盖面和影响力。当然，专职人员和兼职人员应该结构合理，做到专职人员为主，兼职人员为辅，专兼职相配合，群策群力，共同提高德育实效。其次，要全面提升德育工作者的素质。从事大学生德育工作的人员，无论是专职还是兼职，都必须具有较高的素质，基本的素质应是政治性强、业务精、作风正。高校德育工作者，必须具有坚定的政治立场；具备思想政治教育专业知识以及相关的哲学、社会学和法学等专业知识；熟悉德育工作规律；还要具备良好的人格魅力；工作中脚踏实地、公正严明、言行一致、无私奉献。总之，高校德育工作者必须提高自身素质，做学生的知心朋友、人生导师，用崇高的人格魅力感染学生、教育学生。

3. 经济物质保障

确保大学生传统道德教育基本设施、设备建设。基本设施、设备是大学生传统道德教育的基本物质保障，是开展大学生传统道德教育必不可少的物质条件。如大学生心理健康咨询室、就业服务工作指导室、创新创业研究室等。又如，德育理论教学也必须有基本的物质保障，包括专题图书、教学资料、多媒体设备等。

确保大学生传统道德教育各项实践活动有序开展。社会实践是大学生德育的重要环节，对于促进大学生了解社会、了解国情、增长才干、奉献社会、锻炼毅力、培养品格和增强社会责任感具有不可替代的作用。高校应科学认识社会实践对于培养大学生德育素质的重要性，因此要支持大学生结合所学专业，开展专业学习、科技发明创新创业等实践活动，使他们在社会实践中增强能力、提高创新意识。

确保大学生传统道德教育工作的专项经费。高校要确保德育专职人员的待遇不低于专业教师的待遇，确保德育工作者的学习进修、课程建设、实践调查、聘请专家学者指导以及参与教育活动等所需经费。

4. 环境支持保障

创造良好的校园物质环境。创造良好的校园物质环境主要是根据校园建设规划，改善设施，美化环境，建设别具匠心的校园建筑，构成不同的大学风格，创建文化符号，传达教育者的理念，传承大学精神。如根据学校的特色设计教室、图书馆、体育场等设施以及学校的传统和培养目标设计不同的雕塑、景观等，从而起到“化人”的作用。

建设特色鲜明的校园文化环境。加强校园文化环境建设，应着重加强校风、教风、学风和班风在内的校园风气建设，要充分发挥学生的个性特长，开展学生喜闻乐见的丰富多彩的学术、科技、体育和文艺等活动，提高学生对传统道德文化和社会主义文化的认同感，自觉抵制消极、落后思想的侵蚀和渗透。

营造良好的校园网络环境。帮助大学生认识网络的本质，学会科学地利用网络获取知识与信息，培养基本的网络素质。开展网络道德教育，引导大学生自觉避免沉迷网络，倡导网络文明。加强网络的监控和管理，对不良信息进行拦截、过滤。积极创办德育理论网站，如红色网站、学理论网站等。以科学的理论武装人，以正确的舆论引导人，以高尚的精神塑造人，以优秀的作品鼓舞人，坚持正面宣传，弘扬主旋律，从而营造良好的网络舆论环境。

（二）树立全员育人观念

1. 学校教育

学校教育主要体现在四个方面。第一，教书育人。道德教育需要在课堂教学中把传授知识与培养学生的道德信念相联系，而不是分别进行。专业课教师应当充分利用本学科的内容对学生进行道德教育和世界观教育，通过生动的语言，触及学生的内心，促使当代大学生用行动去捍卫认识的真理，将知识教学和道德教育有机结合在一起。第二，思想育人。有效的德育不应该是将道德信念直接灌输给学生，这种教育内容和形式比较空洞、单调，也不应该完全脱离学生周围的环境来传授。应针对所面对的学生特点，分析其所处的生活环境，创造性地采取各种手段开展德育。第三，文化育人。高校作为文化传承的载体，应当充分利用文化育人这一手段，通过自然文化教育、音乐教育和文学作品鉴赏教育等形式，培养大学生对美的认识，积累更多的审美印象，不仅要教会学生如何感受美，更要引导学生如何创造美，如何形成美好的内心世界，如何在言行方面体现“美”，为他人创造“美”，把自己培养成为一个真正美好、高尚的人。第四，管理育人。把形式多样的德育内容融入到常规的管理工作之中，从学生的入学到毕业、从课内到课外，抓住所有的机会渗透德育内容。

2. 家庭教育

中国自古以来就把对子女的道德教育作为父母的道德责任，在中国历史上，曾出现过各种“家训”“家诫”“家规”“家礼”“治家格言”，这充分反映了中国古代道德教育中，家庭教育占据的重要地位。家庭教育这种教育方式，施教者与受教者之间有着建立在血亲关系上的情感基础，与其他教育方式相比，具有不可替代性。第一，突出家长言传身教的重要性。父母是子女心目中的榜样，其一言一行对子女的影响至深。所以，家长应首先重视自身的道德修养，以身作则，使自己的教诲更具有说服力，从而使子女养成良好的品德。第二，对子女应奖其所当奖，罚其所应罚，做到奖惩合理。这样才能养成子女正确的是非观念，使其形成正确的行为方式和评价标准。第三，对子女既要严格要求、批评教育，又要爱护其自尊心、知耻心。家长要对子女适当的开展批评教育、挫折教育，培养子女在日常生活、学习生活和人际交往中的自立意识、独立能力。还要适当的对子女进行必要的鼓励，以增强他们的自信心。

3. 社会教育

社会层面的道德教育，一方面是显性的在社会环境下有意识开展的道德教育。各高校要坚持开辟多种渠道的学生社会实践、社会服务，让学生在广阔的社会生活中认识社会、寻找自己的位置，让学生通过支教、科技普及等方式，服务社会，实现人生价值。另一方面则是社会风尚、习俗对生活在当地自然环境和社会环境中的人耳濡目染的隐性教育。对于这种长期形成的习惯，一定是兼具正面和负面影响的。对于社会习俗的影响，当代大学生首先要学会判断这一习俗是否符合这一时代的道德准则，是否有利于增进真善美。通过对良好社会风俗的宣扬，在潜移默化中对生活在这一环境下的人们进行优秀传统道德教育，可以达到润物无声，事半功倍的效果。

4. 自我教育

自古以来，先哲在重视教化的同时，大力提倡自身的道德修养。他们认为要形成良好的社会道德风尚，养成个人的优秀道德品质，除了教化即外在的道德教育外，更要靠个人的道德修养。只有通过个体的道德修养，教化的功效才能显现。在当代高校德育中应培养和提高学生的自我管理与监督能力，也就是生活中常说的“自觉性”。在不断吸收优秀传统道德知识的同时，使之内化成为自己的价值理想和追求，并在日常活动中表现出较高的道德水平行为，让当代大学生在经历过迷惘、探索和思考后，逐步走向成熟，成为国家和民族的栋梁。

第五章　中华优秀传统文化融入高校德育的整体性设计

弘扬中华优秀传统文化，要与当代社会相适应、与现代文明相协调，保持民族性，体现时代性。作为新时期中国社会和文化发展新趋势的引领者，高校要培养社会主义合格建设者和可靠接班人，就必须主动应对多元文化的冲击，积极加强中华优秀传统文化教育。在多元文化背景下，高校应从整体性的角度，对中华优秀传统文化教育进行全面规划。

第一节　整体性设计的基本原则

对高校中华优秀传统文化教育进行整体性设计要遵循四个原则：教学内容要与教学环节相一致，优秀传统文化教育要与校园文化建设相一致，优秀传统文化教育要与学生的日常生活相统一，优秀传统文化教育要与学生的社会实践相统一。

一、教学内容与教学环节的一致性

在高校大学生思想教育中，我们不仅要挖掘中华优秀传统文化蕴含的思想观念，也要充分挖掘中华优秀传统文化中的人文精神和道德规范，帮助大学生全面学习和掌握其内涵，并运用到学习和生活中去。通过优秀传统文化教育，让大学生深刻学习和掌握中华优秀传统文化的思维方式、价值取向、伦理观念与理想人格，从而形成一种自强不息的民族精神、修齐治平的家国情怀、崇德向善的道德和“内圣外王”的人格修养。而这些内容是要通过一定的教学环节设计与实施来实现的，在优秀传统文化教育中，首先要确保优秀传统文化教育内容与教学环节的一致性。

（一）教学设计科学规范

优秀传统文化课程的教学设计主要包括教学目标、教学内容、教学方法和教学评价等方面。教学目标是指在教学活动中所期待的学习结果，教学活动以教学目标为导向，且始终围绕实现教学目标和教学内容而展开。

1. 教学目标设计

高校中华优秀传统文化教育教学目标的设计要符合学生思想教育目标的基本要求。首先，教学目标的陈述必须明确、具体、科学、规范。其次，教学目标不仅包含单一的学习成果。即教学目标应该具有完整性，要使教学目标与课程目标相一致。课程目标应从知识和能力、过程和方法、情感态度和价值观三个维度设计。除课程总目标外，还有学段目标、学年目标、学期目标以及单元目标，分别体现在课程计划、课程标准和教师参考用书等内容中。最后，教学目标必须更多地关注学生的特点，要与学生的年龄水平、经验背景、需要及兴趣相关。从学生现有的知识和理解等发展水平出发，将课程目标具体化，才有可能将优秀传统文化内化为学生学习的成果。

2. 教学内容设计

要合理设计教学内容，教学内容的设计涵盖课程的主体内容，要针对大学生的知识结构、理解能力、身心发展规律和接受情境等诸多因素，对教学内容进行科学合理的设计。合理安排不同教学内容的教学活动，并具体落实到每个知识点，用实例和注释阐述教学内容的重点和难点，把优秀传统文化的理论与大学生的生活实际结合起来，让大学生学有所用，用有所依。

3. 教学方法设计

中华优秀传统文化的传承和发扬在于不断学习，学习的根本在于教学，而教育与学习重在方法，教学有法，教无定法，贵在得法。

在高校优秀传统文化教育教学中，教学的形式可以采用呈现方法、实践方法、发现方法和强化方法等。教师教的方法包括讲授法、提问法和论证法等；互动的方法包括班级讨论、小组讨论、学生分享、小组设计等；学生个性化的方法包括程序教学、单元教学、查阅资料、总结分析、比较分类等；实践的方法包括现场观察、实训、实习等。

（二）教学形式灵活多样

如何把中华优秀传统文化教育融入课堂教学，让课堂教学生动活泼、科学有效，促进学生身心全面健康发展，这是当前课程改革和教育实践中面临的重要问题。

传统文化的教学形式可以灵活多样，如可以采用讲授法、讨论法、直观演示法、读书指导法、任务驱动法、参观教学法和自主学习法等。

要常结合中华优秀传统文化中的案例进行解析，在课堂教学中将教师的讲解和学生自主学习结合起来，相互促进，共同提高。通过理论与实践相结合，进一步对教师在课堂教学中讲授的知识内容进行巩固和强化，使大学生能够加深对所学知识的理解和掌握，使所学知识的深度和广度不断深化和延展。

要将信息化技术等现代教学手段融入传统教学之中。尽量收集适应新形势的、形象生动的教学材料，包括音频、视频和图片等，强化课堂教学对学生的吸引率和感染率。旁征博引，触类旁通，将中华优秀传统文化教育和学生的日常行为有机结合起来，不断提升教育教学工作的实效性。

（三）教学评价准确客观

教学评价是依据教学目标对教学过程及结果进行价值判断的过程。其核心环节是对学生学习效果的评价和对教师教学过程的评价，评价的方法主要有量化评价和质性评价。教学评价的首要功能是导向功能，即保证各级各类学校的教学活动符合教育方针和教学目标，规范教师的教和学生的学。

高校优秀传统文化教育教学已经初步融合课程与教材体系，越来越规范和完善，教学研实等相结合共同发挥着思想教育作用，起到了明显的教育效果。纵观优秀传统文化教育教学相关研究，多是突出其重要意义和教学内容，而较少关注教学评价的功能。在传统文化教学评价中，应该淡化知识和能力目标，重视过程和方法的隐性教育功能，构建以情感教育为导向的监测指标评价体系，为传统文化教学评价的具体实施提供理论基础和学理支撑，进一步探究教学效果的量化评价和质性评价的有机统一。

大学生普遍比较关心最终的考核成绩，所以评价与考核可以成为学生主动学习的指挥棒。在大学开设优秀传统文化课程，并不仅仅是为了帮助学生了解和掌握书本内容，更重要的是为了让学生明确礼仪行为规范，知道自己哪些事不能做，哪些事可以做，向古圣先贤学习，帮助大学生具备良好的人文素养，为其走上社会奠定坚实的基础。过去的期末考核通常旨在考核学生记忆课本的能力，没能体现高校中华优秀传统文化课程的教学目的。因此，大学生最后的总体评价即最终成绩应该是综合课堂表现、社会实践、日常言行以及期末考试等多方面的整体得分。期末考核可以采取闭卷、开卷、命题论文和面试等多种形式，也可以让学生联系自己的学习和生活实践，撰写研究报告和心得体会。重视对学生学习过程的评价，在期末考核评价时加大平时成绩在总评成绩中的比例，尤其是重点考核学生参与实践教学各个环节的表现，从客观上督促学生了解更多的中华优秀传统文化，更好地达到优秀传统文化的教育效果。

综上所述，要依据教育目标，保持教学目标和学习目标的一致性，保持教学内容和教学环节的一致性。在优秀传统文化课程教学中，应从以下六个方面来考察教学效果：一是目标与所设问题的一致性；二是目标与讨论方式的一致性；三是课程目标与教学环节的一致性；四是教学目标与教学评价的一致性；五是教学内容与教学环节的一致性；六是课前评价、课中评价与课后评价的整体性和一致性。

在优秀传统文化课程教学中，教师要设计与学习目标、教学内容和教学环节相匹配的评价方式，以此来评判学生的学习状况，及时测评与反馈。在教学中，教师是课程的执行者，也是课程的创新者和研究者。教师必须从分析学生学情出发、从教育目的出发、从教学内容出发，将目标与原则、学习与评价、方法与方式、内容与环节联系起来进行统一安排和设计。

二、优秀传统文化教育与校园文化建设的一致性

优秀传统文化教育与校园文化建设具有一致性。一方面，中华优秀传统文化融入校园文化建设，是校园文化建设的一部分；另一方面，校园文化建设也是优秀传统文化教育的一个重要渠道，对大学生综合素质的提高和优秀品格的形成，有着重要的意义。

中华优秀传统文化的传承和发扬需要后继有人。大学生精力旺盛、思维活跃，容易接受新事物，是传承中华优秀传统文化的有生力

量。中华优秀传统文化融入校园文化建设意义重大。充分利用大学生的独特优势，发挥校园文化的育人功能，能很好地培养大学生成为中华优秀传统文化的传承者，让中华优秀传统文化代代相传。

课堂教育与校园文化是相互影响、相互匹配的，每个学校都有其独特的校园文化，这些校园文化时时刻刻浸润着大学生的心灵，并使之在文化土壤中滋养成长。校园文化的土壤就在课堂中，通过课堂教学这个土壤，校园文化发芽、开花和结果，在课堂传递和倡导什么样的文化，就必然会在校园中营造出什么样的氛围。校园文化和课堂教学是互相影响和互相作用的，校园文化无时无刻不在影响着校园内的大学生的思想和行为，大学生所受到的思想和行为的影响也必然会在课堂教育的过程中不断表现出来，在学习和思考中发挥作用。要开展好中华优秀传统文化教育，把优秀传统文化教育落到实处，就要结合课堂教学的目标和内容，认真审视校园文化，通过有意识、有目的的行为和活动努力构建与课堂教学相一致、相促进的校园文化。

优秀传统文化教育要与校园的物质文化融合。每个学校都有着不同的发展历史，也有着不同的校园物质文化风格，校园环境的文化内涵及人文精神在一定程度上是通过物质文化来传递的。高校可以通过实用、精巧的校园景观设计，将校园物质文化融入其中，以推动中华优秀传统文化与校园文化的有机结合，这对学生的思想有潜移默化的作用。比如在校园的绿化带设立凸显地域特色和风格的艺术造型；在校园内树立各专业领军人物的塑像，张贴领军人物的成果及他们对社会的贡献等内容，张贴名人名家的名言警句等，展现他们的思想风格和精神；开辟传统节日场所的彩色灯光或节日喷泉等内容，以景渲染传统文化氛围。通过这些物质载体，使得学生的爱国、爱家精神以及民族自豪感油然而生，从而彰显校园物质文化的活力。

优秀传统文化教育要与校园精神文化融合。校园文化建设除了物质文化建设以外，还包括精神文化的塑造。精神文化的塑造可以提炼中华优秀传统文化精髓，比如用校训来表现学校的传统文化思想。校训是一个学校的灵魂，体现了一所学校的办学传统，代表着校园文化和教育理念，是校园人文精神的高度凝练，是学校历史和文化的积淀。一所老牌学校的校训为我们打开其历史文化之门提供了金钥匙，为我们眺望其精神家园打开了一扇窗户。也可以通过校徽来体现校园文化，校徽彰显了学校的办学理念和人文精神，突出了学校独特的文化内涵和精神底蕴。校徽是根据学校办学理念、办学特色以及在办学过程中沉淀和积累起来的人文精神设计而来，在很大程度上代表了学校的精神和价值取向。校歌也是充分体现学校的传统文化思想观念、价值观念的文化载体，是表现学校整体形象的音乐载体，是学校教育理念、校园精神、办学特色和优良传统的集中体现，是学校优良校风及教风、学风的高度概括，是引领学校发展方向的精神宣言。从两千多年前孔子创办私学开始，“弦歌不辍”就成为形容学校生活的一句传统用语。这些形式都充分体现了传统文化的思想精髓。

优秀传统文化教育要与校园文化活动融合。校园文化活动为学生展示了校园独特的文化个性，也为学生学习优秀传统文化、展示自己的才能提供了广阔平台，使他们的业余生活变得丰富多彩。可以通过开展丰富多彩的社团活动，根据学生的特点适时地进行优秀传统文化教育，如校史展览、书法绘画展览、优秀校友展示、国学知识讲座、传统文化知识竞赛、历史话剧比赛、古诗文朗诵比赛、优秀传统文化微电影大赛、历史事件演讲比赛、辩论赛以及名人报告会等。力求通过开展多种校园文化活动，让学生亲身感受到校园文化的魅力，使大学生对优秀的民族文化与传统美德产生认同，激发学习和传承中华优秀传统文化知识的热情，提高民族认同感和民族自信心，真正继承和弘扬中华民族精神。

三、优秀传统文化教育与日常生活的统一性

随着中国现代化转型的深入，中华优秀传统文化对日常生活产生了深刻的影响，一方面它使日常生活更加丰富；另一方面它促进了日常生活的审美化、非意识形态化和理性化。所以高校优秀传统文化教育，一定要注重实践与养成、需求与供给、形式与内容的结合。把中华优秀传统文化的内涵更好、更多地融入生产、生活的各方面。学习优秀传统文化思想和理论，要在日常生活中践行，这样优秀传统文化才能焕发生机和活力，才能深入人心，激发人们了解、保护与传承中华传统文化的热情，发挥优秀传统文化的巨大作用。

要挖掘优秀传统文化的现代性因素。优秀传统文化的传承和发展有着深厚的历史积淀，只有当新的文化形态与优秀传统文化互相结合、互相作用，才能使传统文化不断发扬光大、社会不断进步。我国的现代化发展，使得经济、政治和文化领域都发生了一系列的变化。这些变化要与优秀传统文化有机结合，充分挖掘优秀传统文化的现代性内涵，使之能够顺应社会结构转型对高校大学生的挑战，这也是优

秀传统文化真正嵌入高校大学生现代生活的关键环节。

要将优秀传统文化融入高校大学生的生活。注重实践与理论、习惯与自觉、需求与灌输、形式与内容相结合，把中华优秀传统文化的内涵更好、更多地融入学生生活的各方面。

加强对传统历法、节气、生肖、饮食、医药等方面的研究阐释、活态利用。将创造性转化和创新性发展作为指导传承和发展中华优秀传统文化的一大基本原则。根据时代的新进步、新进展，对中华优秀传统文化的内涵加以补充、拓展和完善，增强其影响力和感召力，让中华优秀传统文化在高校扎根、开花、结果。

要将优秀传统文化思想与大学生道德思想相结合。中华优秀传统文化博大精深，是思想理念、传统美德和人文精神的有机统一，自古以来就对社会道德建设发挥着重要作用，不论时代如何变幻，这种文化助推精神的作用始终存在，在思潮多元、利益多局的新形势下则更显著。因此，应当进一步推动优秀传统文化融入大学生思想道德建设，把中华优秀传统文化的思想融入学生的思想之中，促进大学生的良好思想品格和道德修养的形成。

强化大学生对优秀传统文化的进一步认识，以大学生的自信、自强、自警、自律促进优秀传统文化融入道德建设。优秀传统文化的继承和弘扬在很大程度上以大学生的认知为基础。中华儿女的“根”和“心”在时代的演绎中同脉共生的关键在于凝聚于文化之中的共识。要加强宣传，推动优秀传统文化进教材、进课堂、进作品、进网络、进家庭，从时间上和广度上让更多大学生知其源头、明其现状；要培养大学生开放包容的心态，正确对待外来文化，取其精华；帮助他们自觉明史、读诗、学理，让大学生找到自身行为与文化的相同轨迹，以一次次升华的文化自信激发道德建设新触点。

四、优秀传统文化教育与社会实践的一致性

中华优秀传统文化是中华民族集体智慧的结晶，通过社会实践活动来学习优秀传统文化，可以不断提升个人素质和品质，激发大学生对优秀传统文化的兴趣和热情，为其接受深层次的精神内核打下良好的基础。在社会实践过程中，大学生能够接触到大自然给予我们的宝贵文化遗产，这些文化包含着先民对自己资源的认识，对开发自然的态度，对当前生产的要求，对未来生活的向往。参加这种社会实践，能使学生更加清楚地认识到个人在自然和社会中的位置，实现内心世界和外部世界的统一，树立起正确的人生观和世界观；还有利于培养大学生宠辱不惊的态度和百折不挠的进取之心，使他们具有良好、乐观的生活态度和坚忍的意志，促进其全面发展。

为了确保优秀传统文化教育实践活动的教育意义，社会实践基地必须进行仔细的调查研究，必须符合大学生的特点和学校自身特色文化的精神价值和内涵。要明确优秀传统文化教育的目标，在社会实践中开展优秀传统文化教育，培养学生的道德修养和家国情怀，促使他们形成良好的道德品质，提升民族自豪感。同时，要不断深化大学生社会实践的内涵，大学生优秀传统文化教育实践不应局限于学习知识、调查情况、掌握技能，还要在此基础上有意识地引导学生展开对现实社会问题的思考，思考国家的发展和民族的复兴，思考如何把个

人命运与国家命运结合起来。着重培养学生积极参加实践、努力服务他人、奉献社会的思想意识和观念。通过社会实践，让学生能真正地感受和接触改革开放以来社会主义现代化建设的新成就，进而增强民族自信心、国家认同感、文化认同感和社会制度的优越感，最终通过社会实践不断培育和升华中华民族精神。

社会实践基地的优秀传统文化教育意义重大，面向不同阶段的大学生群体，学校要加强组织管理，确保课程的针对性和有效性。在活动开展中，要保障学生的参与度，激发学生对优秀传统文化的兴趣，从了解到体验再到个人感悟，帮助学生形成一条完善的知识学习链。

加强大学生社会实践基地建设，应当从实习基地抓起。从整合当地社会资源和文化资源入手，联合教育行政部门、学校和家庭，共同建设稳定的实践基地。有计划、有组织地引导大学生积极参加实践活动，通过参观学习、生产劳动等形式帮助大学生感受优秀传统文化的精神内涵。在大学生社会实践基地建设过程中，要注重完善社会实践基地的结构和功能，形成类型多样、功能齐全、教育结构完善的实践基地。充分发挥社会实践活动的优越性，推动大学生全面学习和践行中华民族优秀的传统文化精神。

要突出社会实践中教师的作用，鼓励传统文化理论知识深厚、社会实践经验丰富的教师积极参与实践，这是保障大学生实践活动有效开展的前提。在实践活动中，教师不仅要传授优秀传统文化方面的理论，而且要善于组织优秀传统文化实践活动，启发、引导学生在实践中感受中华民族的优秀传统文化，使优秀传统文化的核心精神能够贯穿在大学生的其他学习和生活层面，提升大学生的理解效果。另外，还要对指导教师进行积极有效的考核，通过明确工作任务、职责和工作内容，制定科学合理的考核制度，定期或不定期地根据教师的工作态度、工作成效来考核和评价传统文化实践指导教师，以激发教师的积极性和创造性，以保障优秀传统文化教育的实践效果。同时还要创造良好的学习氛围，为实践活动的开展提供保障。在政策、财力上给予教师支持，加大在实践活动研究、外出考察等经费上的投入，保证优秀传统文化的社会实践成效。

第二节　中华优秀传统文化教育体系的设计

一、高校中华优秀传统文化教育覆盖大学教育的各个学段

中华优秀传统文化教育必须覆盖大学各个学段，根据不同年级选择不同的教育内容，做到传统文化教育的无缝衔接。

中华优秀传统文化教育要贯穿高校人才培养的全过程。落实党的十九大报告提出的“推动中华优秀传统文化创造性转化、创新性发展”的“两创”方针，坚持马克思主义道德观、社会主义道德观，古为今用、推陈出新，积极开创高校大学生优秀传统文化教育与高校思想政治教育有机融合的全新局面，形成高校思想政治教育新格局。

在大学一年级，以学习优秀传统文化基本内容为重点，开展优秀传统文化基础教育，培养热爱中华优秀传统文化的情感。大学二年级，以提高感受力为重点，开展认知教育，引导学生感受中华优秀传统文化的丰富多彩。大学三年级，以增强理解力为重点，提高对中华优秀传统文化的认同度，引导学生认识我国统一的多民族国家的文化传统和基本国情。此后学段，以增强理性认识为依托，引导学生感悟精神内涵，增强对中华优秀传统文化的自信心，以提高自主学习和探究能力为重点，培养文化创新意识，增强传承和弘扬中华优秀传统文化的责任感和使命感。

二、编制完善科学的高校优秀传统文化教材体系

目前，高校优秀传统文化教育教学高质量的教材不多，教材内容良莠不齐。一些高校开设的选修课程大多依据教师个人的讲义，没有形成规范的教材，这在一定程度上制约了优秀传统文化教育的开展。因此，有必要组织国内一些传统文化方面的专家、学者，编写高校优秀传统文化课程所需的教材。

在编写高校优秀传统文化教材时，应遵循以下几个原则。

首先，所编写的教材一定要符合高校的教育方针。我国高等教育肩负着培养德、智、体、美、劳全面发展的社会主义事业建设者和接班人的重大任务，必须坚持正确的政治方向，以立德树人为核心，构建优秀传统文化教材体系。

优秀传统文化教材大体分为如下三部分内容。一是文本类的内

容，包括文艺作品、史学作品、学术著作、宗教文献等。这类内容一定要多诵读，没有长时间的诵读，很难理解原文及其背后深刻的文化思想和内涵，文本类的内容是传统文化的核心。二是知识类的内容，包括古代传统习俗、古代社会制度、古代生活常识等，这部分内容不一定需要阅读文本才能完成学习。比如，想了解孔子和老子，不一定要看他们的著作，通过电视等媒体看他们的故事或传记，也能了解他们的一些思想，也能完成教育。三是技艺性的内容，这一类内容可以不依赖文本来学习，比如舞蹈、书法、茶艺等，这些内容即使倒背如流也不一定能掌握其技巧，必须要练习并接受老师的指导，才能学好和领会。

其次，高校优秀传统文化教材不仅要体现优秀传统文化精神、文化知识、道德行为规范和价值取向，还要注意内容的实用性、科学性和时代性，使所选内容与当前大学生的日常生活、思想趋向息息相关。

再次，优秀传统文化教材的编写要考虑学生的学习能力，要立足于中华优秀传统文化基本内容的普及程度，注重学生基本素养的培养和提高，因此内容不宜太深。现在的部分传统文化教材内容在各自的专题内阐述得过深过细，使得学生一时难以接受消化，加之知识面窄小，不能帮助学生全面系统地了解传统文化。

最后，优秀传统文化教材的编写要注重综合性和专题性结合，这就要求教材内容要分成两部分：一部分是优秀传统文化综合性的呈现教育，要求内容宽而广；另一部分是专题文化教育，以优秀传统文化的各个专题为对象，要求内容狭而深。在编写优秀传统文化教材时，教材内容的选择应体现综合性，避免让学生只见树木不见森林。编写能反映传统文化发展全貌内容的教材，让学生能从整体上认识中华优秀传统文化的博大精深，不至于陷入零碎的专题中。在学生对优秀传统文化内容有了全面的了解，具备了整体感后，再进入专项内容的学习。对于综合性的优秀传统文化教育，可以采取必修形式，计入学生学分；专题文化教育则可针对不同的专业有针对性地展开，采取选修形式。同时，优秀传统文化教材的专题文化部分可以根据学校的专业设置进行编写，重点突出与专业方向一致的专题，将专业和优秀传统文化内容挂钩。

三、开设中华优秀传统文化必修课程和选修课程

近些年来，随着我国高等教育的不断深入、综合国力的提升以及国际影响力的日益增强，中华民族优秀传统文化的传播速度也在不断加快，在高校和社会广泛兴起了弘扬优秀传统文化的热潮。优秀传统文化教学没有固定的模式可循，因而相应的中华优秀传统文化课程开设的门数以及内容的深度、难度、广度等都有很大不同，也存在着一定争议。

目前我国高校优秀传统文化课程主要有通识教育和精英教育两种形式。在通识教育方面，很多高校已经开设了中华优秀传统文化的选修课程，并出版了中华优秀传统文化方面的系列教材和专著；有的高校开设了面向全校学生的公共必修课程，后来转为选修课程；有的高校开设了中华优秀传统文化的通识课程。在精英教育方面，一些高校

创办人文科学试验班，招收国学方面的本科学生；有的高校在国内率先创办国学试验班；还有的高校正式成立了国学院，开展本硕连读的国学教育等。这些举措极大地推动了高校中华优秀传统文化教育的开展，积累了非常宝贵的经验，取得了很好的效果。

（一）开设中华优秀传统文化必修课程

中华优秀传统文化必修课程开设的出发点是有利于培养大学生的文明思想和行为，丰富精神世界，促进全面发展；有利于大学生继承和发展中华优秀传统文化，使中华优秀传统文化在继承中发展，在继承中创新；有利于弘扬中华文化和民族精神，提高民族自信心和自豪感，建设中华民族共有的精神家园；有利于提升大学生对中华文化价值的肯定，激发当代大学生对自身文化生命力的坚定信念，明确大学生发展中华传统文化的历史责任，使大学生勇于担当，勇于实践；有利于提高当代大学生的科学文化素养和思想道德品质。

高校要进一步加强大学生中华优秀传统文化教育教学，适当增加新课程，增加学时数，构建新的中华优秀传统文化课程体系。增设有关中华优秀传统文化方面的必修课程，针对文学专业和国学等专业的学生而言，“大学语文”“古代汉语”“现代汉语”“国学概论”等概括性的课程可以作为专业必修课程；而作为其他专业大学生而言，“中华传统文化通论”“中国优秀传统文化大学生读本”“中华传统文化概论”“中国文化课程导读”等可以作为公共课程；而“中西文化比较”“中华传统文化论坛”“中国传统文化十讲”等专题课程以及原著类课程，应该作为专业选修课程或者公共选修课程出现。

（二）增设中华优秀传统文化选修课程

选修课程建设是深化普通高校课程改革的重点。如何兼顾高校各专业、各学科的特点，以及学生的兴趣，行之有效地开发、设计中华优秀传统文化选修课程，培养学生的传统文化素养，成了一个亟待解决的问题。同时，选修课程从国家课程到地方课程再到校本课程，课程体系立体清晰，怎样兼顾国家课程的价值追求与地方课程、校本课程的个性化、创造性开发，成为优秀传统文化开发设计选修课程的难点。

1. 高校中华优秀传统文化选修课程存在的主要问题

（1）活动场地和环境不能满足选修课程的需求

由于选修课程的开设以及学生的选课人数都不能确定，因此，一些学校没有准备更多的适合选修课程的场所和设备。比如茶文化与茶艺展示课需要对不同时期、不同类别的茶进行展示，同时还要准备茶室、茶具等，以方便学生直观学习。

（2）没有配套的传统文化教学基地

选修课程讲授的内容要有与之相应的传统文化教学基地，有的传统文化内容，比如昆曲、京剧、相声、剪纸等，如果没有相应的实践基地或工作坊，就达不到理想的教学效果。

（3）供学生选择的选修课程和每门课程的人数设定与学生的需求不适应

一些学生相对更感兴趣的课程，因人数有限，一部分学生只能被动地选择自己并不想学的课程，从而影响后续的学习积极性。

2. 开设中华优秀传统文化选修课程的实施过程

巧借本地特色设置选修课程，有效地传承当地非物质文化遗产。学校在选择选修课程内容时，可以结合当地特色，与当地非物质文化遗产传承人建立联系。以潍坊为例，这座历史文化名城蕴含着丰富的传统文化，潍坊风筝、木版年画、高密扑灰年画、诸城古琴、高密剪纸、核雕、刺绣、昌邑小章竹马、高密秧歌等，一系列非物质文化遗产带给我们的不只是潍坊当地厚重的文化传统，还有浓厚的文化底蕴。在潍坊当地高校，可以建立潍坊传统文化相应内容的选修课程，并建立非物质文化遗产传承教育基地和工作坊。

有意识地培养一支校内相对专业的选修课程师资队伍。根据本地地方特色、本校师资以及学生的基础等情况，结合可以作为学校长期开设的选修课程，选择有一定兴趣特长和一定专业背景的老师，并定期安排专业培训，培养一支本校专业的选修课程师资队伍，以确保选修课程开设的质量。

尽可能地将选修课程的开设与学校的专业设置结合起来，将选修课程的开设与当地的创业基地建设结合起来；将选修课程的开设与学生的社团组织有机结合起来；将选修课程的开设与文化特色结合起来。

合理安排选课班级和选课人数。根据学生的需要，开设数量相当的选修课程，这就需要提前对学生的选课倾向进行调研。针对选修人数较多的同一课程，可以适当增加班级容量；或者设置多个班级，由多位教师承担教学任务。针对选修人数较少的课程，可以适当减少人数设置。

建立合理的考核机制。为调动全体老师选修课程的任课热情，学校要建立合理的考核机制，将是否担任、任课效果等一并纳入师资考核中，在评优选模上给予政策上的倾斜。基于选修课程是专业教学任务之外的工作量，虽然选修课程课时不多，但备课和查找相关资料需花费很多精力，所以学校要积极肯定老师的付出，给予选修课程的教师适当的课时补贴，以调动教师的积极性。

3. 开设优秀传统文化选修课程应该注意的问题

中华优秀传统文化选修课程的开发设计要凸显时代性，既要符合高校教育目的的要求，又要贴近学生的生活实际，借助学生的生活体验及其原有的知识储备，做到有的放矢，使中华优秀传统文化教育落到实处。

中华优秀传统文化选修课程的讲解要兼具知识性和趣味性。在选修课程中尽量多地引入传统文化中的典故、历史故事等内容，增加学习的趣味性，让大学生在快乐中学到传统文化知识。中华优秀传统文化中的典故大多都从社会生活中长期积淀而来，与现实生活有着千丝万缕的联系，有着非常好的教育意义，合理地引用典故，常常能使同学们在潜移默化中习得知识，在欢乐中接受文化，在学习中提高智慧。同时，所选的典故材料要典型生动、活泼有趣，且具有深厚的文化内涵和丰富的寓意，最好是同学们知道、了解，但未上升到理论的内容，这样能接近学生学习的兴奋点，从而使得学生们愿意积极参与，更有利于培养学生探索的精神和能力，提高学生的民族文化品位。

通过开设不同内容的课程，帮助大学生对中华民族优秀传统文化中的部分内容进行系统、深入的学习，加深他们对优秀传统文化的认知，拓展大学生对传统文化理解的深度。

四、积极开展校园传统文化活动

优秀传统文化蕴含着丰厚的民族精神和道德理念，是我们在新时代进行青少年道德建设的重要思想养分，对社会主义市场经济条件下的大学生进行世界观、人生观、价值观、理想信念等方面的教育有着极为重要的导向作用。随着“唐宋诗词热”“国学热”“幼儿读经热”等现象的出现，一方面让我们看到了传承优秀传统文化的热情和希望；另一方面似乎也让我们陷入沉思之中。难道，流传千年的文化就是“背背诗词”“走走形式”吗？如何让优秀传统文化与高等教育更好地融为一体呢？除借助课程外，另一个重要的方法就是积极开展校园传统文化活动。

（一）建立优秀传统文化传承基地

作为传承中华优秀传统文化的平台，优秀传统文化传承基地已然成为进一步挖掘中华优秀传统文化价值内涵；进一步激发中华优秀传统文化的生机与活力；进一步增强文化自觉和文化自信的一个重要渠道。近年来，越来越多的高校开始探索将优秀传统文化纳入教学体系，通过基地建设，系统开设传统文化课程，以系统性、专业化的教育方式，把优秀传统文化的种子播撒到大学生的心间，让优秀传统文化在大学生思想深处生根发芽。

（二）组织传统节日活动

传统节日习俗中蕴含着丰富的德育内涵，高校优秀传统文化教育一定要在教学中遵循典型性、契合性和创新性原则，通过组织学生参与多种以传统节日为主题的校内外实践活动，达到取得优秀教学效果和进行优秀传统文化教育的双重目的。

中国的传统节日有春节、寒食节、清明节、端午节、七夕节、中元节、中秋节、重阳节等。每个节日都有相应的节日习俗，而这些习俗往往都寓意深远，具有很强的教育意义。

春节、清明节、中元节、重阳节等节日中要虔诚地祭祀祖先，要不忘祖先恩德，心中常念长辈，这宣扬了孝道。而先祖、长辈们亦关爱儿孙们，在春节，长辈要给孩子们"压岁钱"；在端午节，要给孩子涂雄黄、佩香囊、带艾虎等，这些习俗体现了长辈对晚辈的关怀爱护。这些节日习俗都体现了中华传统文化中敬祖孝先、尊老爱幼的传统美德。

春节的扭秧歌、踩高跷、舞狮子、撑花船，元宵节的"走百病"，清明节的踏青赏春、放风筝，端午节的龙舟竞渡、悬艾蒲、饮雄黄酒，重阳节的登高啸咏、佩插茱萸，除夕前的除尘送灶等，都昭示了我们中华民族是一个爱劳动、追求健康生活的民族。

春节前大扫除、剪窗花、贴福字、挂年画，元宵节灯会上人们联句咏诗、灯谜竞猜等，既体现了中华民族是一个勤劳智慧的民族，又充分展示了中华民族自强不息、积极进取的精神面貌。

寒食节禁用明火，端午节包粽子、赛龙舟等习俗为怀念爱国人士介子推、屈原，更弘扬了爱国主义精神。

不管是春节迎新、清明踏青、端午赛舟，还是七夕看星、中秋望月和重阳登高，这些节日习俗都传递了人们对美好生活的向往和祈祷，宣扬了中华民族是一个爱好和平、追求和睦的民族。

由上可知，中华优秀传统文化的传统节日习俗体现了多方面的德育内涵，这些德育内涵与高校思想政治教育的内容相契合。这就为大学生参与传统节日活动、实现优秀传统文化教育与高校思想政治理论课社会实践的融合提供了前提条件。

（三）开展校内优秀传统文化教育实践活动

孟子曾说："天将降大任于斯人也，必先苦其心志，劳其筋骨，饿其体肤，空乏其身。"他为我们清楚地阐明，强健的体魄和坚毅的品格是担当大任的先决条件，更指明了通往成功之路应具备的素质——躬身实践。中华优秀传统文化对于当代青年思想境界的提升、良好道德品质的培养等具有十分重要的作用。高校应该积极开展传统文化教育实践活动，搭建系列活动平台，帮助大学生在实践中汲取传统文化中的营养，在实践中完成自我文化教育，从而找到安身立命的价值和意义，更好地规划和实现人生目标。

校内实践活动是学生学习传统文化的重要环节，是巩固和感悟所学知识的一个重要途径，以下列举了几种常见的活动形式。

第一，开展经典诵读活动，营造书香校园。充分利用学校图书馆和读书社等社团，有计划、有组织地向学生推荐优秀传统文化读物和读本，营造浓厚的读书氛围，夯实文化底蕴。

第二，开展文化大讲堂或传统文化专题讲座。聘请校内教师或者校外传统文化教师，或是在传统文化某一个领域有一定影响的专家、学者、民间艺人等开展文化大讲堂或讲座，发挥文化讲堂的育人功能。

第三，开展各类专题竞赛。如国学知识竞赛、灯谜比赛、经典朗诵比赛、棋类比赛、传统文化征文比赛等，帮助大学生在竞赛中感受传统文化的魅力。

第四，开展各类专题文化展演。如民乐演奏会、汉服文化展、书法绘画展等。

（四）开展校外优秀传统文化教育实践活动

由于校内活动场景的局限，节日习俗的真实内涵无法得到真正全面立体的阐释，故而要把眼光投向校外，让学生在生活中真正体悟传统文化。具体的活动形式可以丰富多彩。下面列举几例供组织活动时参考。

1. 拍摄短视频或照片

春节的起源蕴含着深邃的文化内涵，在传承发展中承载了丰厚的历史文化。在春节期间，全国各地均有举行各种庆贺新春活动，热闹喜庆气氛洋溢。这些活动均以除旧布新、迎禧接福、祈求丰年为主要内容，形式丰富多彩，且带有浓郁的地域特色。可以组织学生拍摄反映春节节庆活动或民俗民风的短视频或照片，配上解说词，让学生通过自身的实践活动体会“中国节”“民俗情”。

2. 组织春游和踏青

清明节是传统的重大春祭节日，扫墓祭祀、缅怀祖先是中华民族几千年来留下的优良传统，不仅有利于弘扬孝道亲情、唤醒家族共同记忆，还可促进家族成员乃至民族的凝聚力和认同感。清明节承载了丰富的文化内涵，由于地域文化的差异，全国各地存在着习俗内容上或细节上的差异，但扫墓祭祖、踏青郊游是共同主题。清明节可以统一组织学生开展春游和踏青活动，让学生在接近大自然的同时受到生态文明教育、孝道亲情教育。还可以让他们自觉树立与自然和谐相处的理念。

3. 民风民俗调查

民风民俗是特定社会文化区域内历代人们共同遵守的行为模式。由于风俗的多样性，在习惯上，人们往往将由自然条件的不同而造成的行为规范差异，称为“风”；而将由社会文化的差异所造成的行为规则之不同，称为“俗”。所谓“百里不同风，千里不同俗”正恰当地反映了风俗因地而异的特点。我国56个民族的风俗习惯也各不相同。组织大学生进行民风民俗调查是让他们感受传统文化的重要方式。调查活动可以小组为单位，也可以由学生单个进行，调查的地点可以就近选择学生家庭所在地，通过访谈法、观察法和问卷法等进行调查，调查内容可以包括习俗的内容、习俗的产生和发展、习俗的意义和文化价值、如何传承习俗等，并形成详细的调查报告。这种调查活动有利于学生对当地民风民俗的了解，有助于增强集体的凝聚力、向心力，构建更加和谐的人际关系、人和社会的关系。

4. 志愿服务实践

优秀传统文化教育还可以采用周末和节假日志愿服务社会实践

形式进行。以班级或二级学院为单位成立志愿服务队，利用重要时间节点开展志愿服务活动，如可以去社区养老院送绿豆糕、月饼和水果等食品，看望和陪伴老人，给老人表演节目、读书，陪老人聊天；还可以去福利院陪伴孩子，给孩子们辅导功课，陪他们读国学书籍、开展国学实践等。通过志愿服务活动可以培养大学生尊老爱幼的美德，增强大学生自身的历史使命感、社会责任感，增强他们的公民意识和道德意识，从而更好地理解和践行社会主义核心价值观。

（五）中华传统文化网络实践

在传统文化教育形式中，信息的传播多是单向的。交互性的核心就是参与，网络上的每个人不仅是网络文化的消费者，也是网络文化的生产者和提供者。上网者不仅学习和吸收网上的信息、精神、观念等，同样也是它们的缔造者，这种交互方式是人类文化传播方式的革命性变革，极大地增强了文化的影响力和渗透力。高校可以利用网络对大学生加强传统文化教育。要充分发挥网上平台中华优秀传统文化的教育作用，这些平台包括校园网络、微博、QQ群、微信公众号、抖音、校园论坛、电子邮件等，通过这些网络平台大力宣传传统文化的发展和内容，使大学生受到潜移默化的教育。现在互联网上已经建立了多个传统文化网站，儒家、道家、佛家也有自己的网站，内容非常翔实和丰富，查询传统文化方面的资料也非常方便，高校要灵活运用不同的宣传方式，从大学生的兴趣爱好入手，以学生喜闻乐见的方式在网络上开展中国传统文化宣传活动，做到直观生动，达到寓教于乐的德育效果。

在传统文化教育网络实践中，当地政府和学校行政部门应担当起传播优秀传统文化的组织者和引领者，积极组织各方力量对优秀传统文化信息进行收集、整理，形成标准、系统和科学的信息库，为优秀传统文化的传播做好内容和形式准备。传统媒体的宣传要适时、适机、积极、主动，充分挖掘那些在学生中间较受欢迎的优秀传统文化内容进行传播，让学生实实在在地受到中华优秀传统文化的教育和熏陶。

要充分利用民间传播组织、学校官网、官微等对中华优秀传统文化进行传播。此类传播具有针对性强、交流及时和充分的独特优势，能起到火种作用，星星之火，可以燎原，对优秀传统文化的弘扬工作起到事半功倍的作用。

第三节　传统文化教育的关键环节设计

一、挖掘优秀传统文化资源，增强大学生对传统文化的认同

要积极挖掘高校思想政治教育中的传统文化资源，即传统文化资源的开发要按照高校德育的总目标和思想政治教育学科总的要求，按照学校专业发展的方向以及学科发展方向的要求，进行有效提炼和深

入挖掘。

（一）开发中国古代传统文化精神资源

中国古代传统文化资源的开发建立在对中华传统文化内容和精神全面认识的基础上，基于大学生对传统文化认同的角度不同，对传统文化中精神资源的开发尤为重要。

在中华传统文化中，诸子百家思想中所凝聚的精华，得到人们的广泛认同。中华文化的优秀精神包含了优秀的人本主义精神、实用理性精神和辩证思维方式等。儒家学派弘扬“人本思想”，提出“民为贵，社稷次之，君为轻”“人皆可以为尧舜”“未能事人，焉能事鬼”的主张；佛家的“一切福田，不离方寸，从心而觅，感无不通”等思想强调人的能动作用，主张“命由己作，福由己求”，自己的命运掌握在自己的手中。

中华传统文化的显著特点之一就是实用主义，其中蕴含君子的标准、修身的典范、行为模式和人生态度，都能够成为现代大学生思想道德修养的参考标准，也是实现德育、追求全面发展的基础。中华传统文化体现的理性精神得到进一步发展，演变为辩证的思维方式，用联系和发展的观点看待事物，从事物变化发展的过程中认识问题、分析问题和解决问题。高校优秀传统文化教育，就是要充分挖掘中华传统文化中的理性精神，用以指导大学生的生活实际。

通过挖掘古代传统文化思想和精神资源，使大学生具备厚德载物的意志品质和上善若水的高尚品德，形成修身、齐家、治国、平天下的行为模式，保持乐观、豁达、平和的人生态度。

（二）开发校园红色革命传统文化资源

红色革命传统文化作为中国先进文化的一部分，具有强大的感染性和教育性。将丰富的红色文化资源转化为优质的思想政治教育资源，建设和利用好高校红色文化教育实践基地，实现红色文化资源育人功能的完美发挥，是当前高校对学生进行中华优秀传统文化教育必须高度重视的问题。

在校园红色革命传统文化教育中，一些红色歌曲、红色故事，都具有陶冶情感、塑造情感的作用，并体现在人们外在的精神面貌和言行举止中，在现实生活中具有引导人们选择求真、向善、尚美的功能，因此在教学过程中应传承红色文化、红色基因、红色精神。

可以在学校图书馆设立专门的红色文化学习中心，设置“红色读书角”，建立红色文化学习数据库，便于大学生实时查阅和学习红色历史文化；开展以红色文化为主题的校园文化活动，增添学习的趣味性；通过校园广播播放红色歌曲、讲红色故事，提升红色文化在思想政治教育中的感染力；为学生推荐相关红色文化书籍、图片、影视作品，开展体验式教学，通过观看视频资料、情景剧表演，使学生体验红色革命历史，塑造坚强向上的品格。

高校还应建设好校园红色网站，打造网上红色教育平台；同时利用好自媒体，建设红色文化网络论坛，帮助大学生在交互中感受红色革命传统的魅力。

（三）开发本土地方特色文化资源

各地区都蕴藏着自然、社会、人文等多种传统文化资源，高校要有强烈的传统文化资源意识，努力开发并积极运用。高校对本土地方特色文化资源的开发要按照不同主题、不同类型的内容进行选择，这些主题可分为名人文化主题、民俗风情主题、民族文化主题以及商业文化主题等，主要表现为民俗活动、民间歌舞、民间节日、民间工艺等活动。

二、创新教育形式，拓宽中华优秀传统文化教育途径

让中华优秀传统文化进入大学生学习的课堂，强化阵地意识。使中华优秀传统文化成为大学生思想政治教育的重要一环，就是要推动中华优秀传统文化融入公共基础课、通识教育课、专业课等课堂，科学研究，合理规划，把传统文化教育逐步列入教学计划，避免随意性和娱乐化。在讲授教材理论时，适当引入古圣先贤生动的事例，学习他们优秀的传统文化思想，用这些事例配合教材理论和知识讲授，从而实现对教学内容的有效拓展和生动解读，促进学生对教材知识和理论的掌握。

注重传统文化的关键节点教育，举办中华优秀传统文化专题讲座，提升教育效果。精彩纷呈、感人至深的中华优秀传统文化专题讲座主题鲜明、内涵丰富，既理论联系实际，又结合历史和当前，有利于扩大和拓宽学生的知识面，增强学生的求知欲和学习兴趣。学校可

在节日、纪念日、传统文化发展的重大事件、重要人物纪念日开展节点教育，聘请校内外专家和民间艺术家进行中华优秀传统文化专题讲座或开设选修课，用丰富的中华优秀传统文化思想教育、引导、感化学生，使中华优秀传统文化思想入耳、入脑、入心。

在传统文化教育中，应保持其地域性、民族性特色。因此，要根据高校的具体区域和特色，将传统文化教育与高校所在地的文化特色相融合，进一步提高学生的兴趣和传统文化的吸引力。

充分运用实践教学，巩固和深化中华优秀传统文化教育的成果。中华优秀传统文化是对大学生进行思想教育的绝佳教材，在实践教学方面，要不断拓展中华优秀传统文化教育的空间和内涵，巩固和深化中华优秀传统文化教育成果。实践教学方面，以必修课和选修课教学内容为契合点，组织学生开展“国学经典诵读活动”“国学知识辩论大赛”“古诗词朗诵比赛”以及中华优秀传统文化专题讲座等系列实践教育活动，增强中华优秀传统文化教育的实效性。发挥高校“戏剧社”“围棋社”“汉服社”等具有明显传统文化特色的社团的组织作用，开展丰富多彩的文化活动，如开辟中华校园传统文化教育专栏，举办中华优秀传统文化研讨会，组织中华优秀传统文化艺术节等，把校园传统文化打造成广大师生的精神家园。高校可以建立传统文化教育基地，也可与本地有关单位共建中华优秀传统文化实践教学基地，定期组织学生去传统文化教育基地开展实践活动，把课堂理论知识与中华优秀传统文化资源结合，加强爱国主义和共产主义教育，让中华优秀传统文化成为不变的基因融合在大学生的血液中。

三、占领网络高地，完善中华优秀传统文化教育网络平台

随着信息技术的发展，大学生的成长环境、获取信息途径和方式都发生了根本性变化，随时随地可上网的手机已成为大学生学习、生活、娱乐、交流的重要渠道，大学生获取的信息也呈现出海量化特点。由于互联网给大学生提供了无穷无尽的信息，学生在学习时往往感到无所适从，面对网络这块新生地带，各种西方势力和国内的不良信息和思想都在抢占网络阵地。海量信息的涌现和各种价值观的融合影响了大学生对中华优秀传统文化的价值取向的理解和认同。

高校要充分利用网络强大的传播力量推动中华优秀传统文化的继承和发展，让中华优秀传统文化思想和精神在高校的各个网站上占领高地，唱响主旋律。

（一）打造大学生网络知识竞赛平台

在竞赛的过程中，力争做到出题方式新颖别致，能吸引学生的兴趣。竞赛题类型也要丰富多彩，包括知识问答、知识抢答、才艺表演、视听题等。同时，通过新兴媒体的传播，把传统文化和现代表现形式有机结合起来，有力吸引当代大学生加入弘扬民族文化的阵营。

（二）通过网络才艺展示弘扬中华优秀传统文化

在向大学生进行传统文化普及的过程中，还可以通过网络传统才艺展示大赛向学生宣传丰富多彩的中华传统文化艺术。如通过器乐、

声乐、舞蹈、武术、小品、相声、话剧等现代表演形式将一些具有民族传统色彩的艺术和技艺展现出来。这种形式对弘扬中华民族艺术有着较好的促进和推动作用。

（三）通过网络传统文化作品展示提升艺术修养

以传统文化作品网络展示大赛为平台，向大学生宣传、介绍和推广中华传统文化中的手工艺制作文化及其他民族艺术。作品的形式可以包括剪纸、书法、雕刻、绘画、编织、刺绣、陶铸、瓷器等各类民族传统技艺和手工艺作品等。通过定期在校园举办网络民族手工艺作品展，使中华传统民族艺术得以近距离展现。

中华优秀传统文化是中国先进文化的重要组成部分，中华优秀传统文化教育不仅对大学生的思想道德教育，而且对大学生的理想信念教育、社会主义核心价值观教育等都发挥着不可替代的作用，因此，高校一定要积极探索中华优秀传统文化融入思想政治教育的关键环节，以文化人，以文育人，真正把学生的思想政治教育工作落到实处。

第六章　中华优秀传统文化融入高校德育的条件保障

建设高校优秀传统文化教育的传承和发展体系必须坚持保护和利用、普及与弘扬并举，使高校中华优秀传统文化教育与党的教育方针相一致，与当代社会相适应，与现代文明相协调，与专业发展相吻合。

新时期高校大学生思想政治教育要始终保持与时俱进，一方面将中华优秀传统文化积极融入大学生思想政治教育工作中，另一方面一定要保持高校优秀传统文化教育的民族性，体现教育的时代性，以及教育保障条件的科学性。如何通过合理的制度安排和机制创新，构建合理的社会保障体系，积极挖掘、保护、继承、发展优秀传统文化，使中华优秀传统文化成为具有精神感召力、社会凝聚力、思想影响力与心理驱动力的文化资源，是高校优秀传统文化教育必须考虑的问题。

第一节　政策保障体系

一、以法律手段保护传统文化遗产

中华民族五千多年的文明发展历史积累了极为丰富的历史文化遗产，既有物质形式存在的有形文化遗产，也有以非物质形式存在的无形文化遗产。这些文化遗产记录着中华传统文化的发展轨迹，也记录着几千年逐渐形成的特有价值观念，是中华民族悠久历史的珍贵见证，是中华优秀传统文化延续和传承的重要载体。保护文化遗产就是保护中华优秀传统文化，就是维护中华民族不断向前发展和腾飞的文化底蕴，必须依据国家法律手段，加强重大文化和自然遗产地、重点文物保护单位、历史文化名城名镇名村保护建设，抓好非物质文化遗产的保护传承。

要继续实施重点文物保护工程。采取有力措施抢救濒危文物古迹，重视重要革命文物的收集和革命历史遗迹的保护，完善重大建设工程中的文物保护制度，切实做好基本建设中抢救性文物保护和考古挖掘工作。继续加强非物质文化遗产保护，制定适合地方传统文化遗产的专门资助办法，建立非物质文化遗产名录体系。编制国家非物质文化遗产资源图谱，加强民间文学、民俗文化、民间音乐舞蹈、少数民族史诗等非物质文化遗产的抢救，以法律手段保障传统文化遗产。

二、用传统文化管理政策保护传统文化遗产

加强中华优秀传统文化传承发展相关扶持政策的制定与实施，如落实惠及中华优秀传统文化传承发展工程项目的金融支持政策，制定和完善历史文化名城名镇名村和历史文化街区保护的相关政策，完善相关奖励、补贴政策，落实税收优惠政策，建立健全中华优秀传统文化传承发展重大项目首席专家制度，出台入学、住房保障等方面的倾斜政策和措施，用以倡导和鼓励自强不息、敬业乐群、扶正扬善、扶危济困、见义勇为、孝老爱亲等传统美德。

传统文化管理政策规范是多方面、全方位的政策体系建设，是对传统文化遗产保护的重要内容。其主要包括两个方面：一方面是整理、普查、鉴定和研究政策；另一方面是继承、传播、利用和发展政策。政策的制定一定要力求规范、科学，管理措施要做到周全、得当。

要明确行政管理部门对传统文化管理的职能。政府管理部门是优秀传统文化的维护和保护主体。相关部门要尽可能多地利用自己的行政优势，在管理和政策层面上去鼓励、推动、帮助、协调民间社会的优秀传统文化传承。在高校、科研院所和民间有一大批从事传统文化研究的专家和学者，民间也有一些不可多得、鲜为人知的民间艺人，这是传承和保护中华优秀传统文化过程中不可缺少的宝贵财富，应该及时建立优秀传统文化专家学者库，及时补充传统文化不同领域内的各类专家，充分利用他们的专业领域优势，定期进行培训和交流，以便为优秀传统文化的传承和保护工作提供智力支持和理论依据。

政府和文化管理部门要加强传统文化的产权保护管理，建立健全传统文化知识产权的保护法规和制度，明确优秀传统文化项目的知识产权主体、客体及内容，确立优秀传统文化项目的使用许可制度，挖掘和推广更多的传统文化项目，特别是民间的优秀传统文化项目，对民间传统工艺、民间绝技的技术要予以保护和保密。尊重传统文化的产权，对重要的书籍、音视频等非物质文化艺术资料出境进行严格限制，同时对传统文化的著作权和转让权进行严格审核管理，维护中华优秀传统文化的独立性和自主性。

三、以传统文化开发政策拓宽和保护传统文化遗产

要加大政策管理力度，使传统文化在个人、群体、区域或社会中拓展和应用，得到充分延续和发展。要积极发动民众参与，适时适度开发民众力量，因为民众是参与和支持优秀传统文化的重要力量，只有充分发挥他们的潜能，才可能使传统文化的保护和开发取得真正的效果。

开发传统文化遗产要循序渐进，防止过度开发和损毁性的利用。应在全国实施和推进文化遗产解读工程，尽快开展具有地方特色的遗产经济学和遗产文化学研究，用科学的方法确立文化遗产保护和开发策略。文化遗产是传统文化最重要的承载体，怎样使文化遗产的保护和发掘利用能够为我们今天的文化发展、丰富人民的精神文化生活、弘扬传统文化的优良价值服务，要进行一个解读。优秀传统文化遗产的类型千差万别：有的开发与利用的条件是成熟的，稍加市场运作就

可以开发；有的开发与利用条件还不太成熟，需要经过一段时间的培育成熟后，才可以开发和利用。目前，优秀传统文化保护和利用所涉及的领域众多，开发和利用因素复杂，需要的时间、物力、人力和财力在短时间内还不能圆满解决，因此，要在短期内完成或取得重大的突破是很难的，必须高起点、高规格、高要求地搞好顶层设计，体现出系统开发的整体性和阶段性，使保护和开发方式具有民族创造性和地域独特性。

四、以传统文化创新政策支撑传统文化的传承

所谓传统文化传承，是指传统文化在时间和空间上的传接与承续。传统文化传承主要是传统文化的纵向或横向的传递与接受，传统文化传承在社会中不仅是一个复杂的文化活动，更是一个复杂的行为系统。

国家非常重视中华优秀传统文化的传承体系，在很早就提出：要在公共文化服务体系基础上，科学和规范地构建中华优秀传统文化传承体系、文化产业体系和文化市场体系，传统文化将与公共文化服务体系一同，构成我国文化发展更全面、更系统、更完整的宏观体系。

中华优秀传统文化传承的内容包括如下几个方面：

一是传统文化的核心思想体系。中华优秀传统文化深刻阐述了中华民族诸多的核心基本理念，包括修齐治平、尊时守位、知常达变和开物成务等。同时也包括革故鼎新、与时俱进、脚踏实地、实事求是、惠民利民、安民富民、道法自然和天人合一的思想等，这些基本

理念和思想可以帮助大学生树立正确的人生观、价值观和世界观，规范大学生的日常行为，可以帮助大学生提高自己的思想境界，立大志，立长志，并在学习和生活中按照圣贤教育的思想努力实践。

二是传统文化的传统美德体系。中华优秀传统文化内涵丰富的道德理念和道德规范，构成了中华传统文化的传统美德体系。如国家兴亡人人有责的责任意识，为实现伟大中国梦而努力奋斗的爱国情怀，人人爱我和我爱人人的社会风尚，仁义礼智信的荣辱观念等，这些传统美德体现着中华民族的传统道德观念，规范和影响着中国人的社会生活和行为习惯。传承发展中华优秀传统文化，就要在高校中大力弘扬自强不息、尊老爱幼、团结友爱、无缘大慈、敬业乐群、扶危济困、见义勇为等中华传统美德，并让大学生在以后的学习和工作中身体力行，为创造美好的生活而努力奋斗。

三是传统文化的人文精神体系。几千年的中华优秀传统文化积累了丰富多彩的精神财富，构成了丰富完整的人文精神体系。如互相包容理解、和而不同的处世原则，内圣外王的教化思想，无缘大慈、同体大悲的大爱情怀，天人合一、道法自然的美学追求，淡泊明志、知常达变的生活理念等，这些中华传统文化的人文精神，是中国人民精神、思想、处理原则和生活方式的集中表现，是中华民族集体智慧的结晶。中华传统文化的人文精神，滋养了中华民族的每一个人，对提高中华民族的综合素质产生了巨大的作用。传承发展中华优秀传统文化，就要在高校中大力弘扬有利于促进社会和谐、鼓励人们向上向善的思想文化内容，坚守学校传统文化宣传和弘扬阵地，让大学生真正受益。

年轻人有着丰富的思维、充满青春活力的思想，能及时接受新生事物，传统文化中的思想、观念会深深影响大学生的学习和生活。

对于新时代的大学生来说，传统文化的表现形式决定着大学生们对它的接受程度，那些守时的、远离生活的知识无法让传统文化在年轻人身上得到重现。一个时代的青年人会用他们特有的思维方式接受、继承和发展属于自己特色的民族文化传统，并能随着社会和时代的发展而不断创新。

传统文化的创新政策要适应新时期大学生文化需求的新特点和审美情趣的新变化，不断推进文化内容形式的创新，推动不同艺术门类和文化活动相互融合，要积极运用多种高科技手段来展示中华优秀传统文化的优秀成果，表现中华优秀传统文化的思想，突出传统文化内容的凝聚力、思想力和感染力，实现题材丰富、风格各异、表现形式多样、表现内容生动化。要不断拓展对外文化交流渠道，进一步扩大高校传统文化的传播范围，使优秀传统文化在朝气蓬勃的大学生身上得以传承和发扬。

第二节　环境保障体系

社会环境影响实施效果，十年树木，百年树人，优秀传统文化教育的效果需要长时间熏陶和潜移默化的影响，需要人们静下心来等待开花、结果。高校优秀传统文化教育要想蓬勃发展取得实效，需要一个更好的大环境。育人环境的价值追求影响发展地位，尽管人们都很清楚优秀传统文化的意义和价值，但在实用主义教育思想的长期影响下，仍有部分教育工作者和家长无法将优秀传统文化教育放在其应有的位置上，所以，在高校传统文化教育环境的优化和整合上，还有很多工作需要做。

对大学生进行中华优秀传统文化教育是全民参与的共同责任和义务，是把家庭教育、学校教育、社会教育和新媒体教育互相融合的过程，缺一不可。对大学生进行中华优秀传统文化教育，不能光靠政府和学校来完成，还必须广泛借助社会团体、机构组织和个体的全面积极参与，才能实现齐抓共管的教育格局。因此，要充分发挥社会各种组织、机构、团体、个体自身的功能和优势，使他们都能成为优秀传统文化教育的参与者，形成有利于中华优秀传统文化传承和发展的学习型社会，共同推动社会教育的深入开展。

营造高校中华优秀传统文化教育的环境应从家庭、学校、社会和新媒体四个方面着手。

一、家庭环境

父母都希望自己的孩子身体健康，成为对社会有用的人才。为了孩子的健康成长，父母不惜花费所有人力、物力和财力。如何实现这一愿望，大多数时候我们是茫然的。传统文化教育非常重视家庭的教育作用，把家庭看作国家的基础。《大学》提出“欲治其国者，先齐其家”“家齐而后国治，国治而后天下平”的著名观点，把家庭教育的作用提高到影响国家兴衰的高度。

家长是孩子的第一老师，家长的一言一行影响着孩子的思想行为。家长如果能在弘扬中华优秀传统文化方面给孩子做出榜样，孩子在很大程度上会对传统文化产生浓厚兴趣，并在学习和生活中践行。

要积极改变家长对家庭教育中有关文化传承的传统认识，拓展家长对家庭教育的时间观和空间观。家长要注重个人传统文化修养的提高，多读唐诗宋词、经典国学书籍，多关注传统文化常识，在传统节假日有意识地组织一些家庭活动，让学生能更多地接触和感受中华优秀传统文化的内涵，并能指导自己的生活和工作。

要转变家庭与学校间的关系，家长主动与学校联系，与辅导员和任课老师联系，变被动为主动。

国家和社会应加大对中华优秀传统文化在家庭教育中的支持和指导，重视家庭在优秀传统文化教育中的作用和地位，组织和建立优秀传统文化传承相关组织机构，出台相关文件以明确家庭教育文化传承的具体内容。社会和学校可开设公益机构，与家庭联合举办各种活动，比如亲子阅读、传统文化知识竞赛、传统文化教育座谈会等，指导家长开展家庭优秀传统文化教育，力争优秀传统文化教育在每一个家庭蔚然成风。

二、学校环境

学校是开展中华优秀传统文化教育的主阵地。对大学生进行中华优秀传统文化教育的方式千变万化，可以在高校开设传统文化课程，也可以组织专题的教育实践活动，把对大学生的优秀传统文化教育融入学校各个教育环节，成为常态，常抓常新，常抓不懈。

中华优秀传统文化教育要有针对性、实效性，学校自主开发中华优秀传统文化课程。要不拘泥于教材内容，而是遵循国家课程标准，根据大学生的实际现状和社会的一些热点来确定主题，把社会主义核心价值观和与之相匹配的中华优秀传统文化教育的内容融入这些课程中。

在高校优秀传统文化教育中，要用礼乐文明的思想和理念培养大学生内在文化修养和思想修养，生发“礼尚往来”、以“诚”相待、以“信”相许、以“义”相重的情操，造就当代大学生孝亲睦邻、敬业乐群、尊师敬长、礼贤下士、温良谦恭、平和中正的君子风范，也只有当礼乐精神成为社会主义精神文明的组成部分，成为当代大学生的社会意识和文化精神，才能实现主体与外界的和谐、群体的和谐、社会的和谐。

高校教师要在风气建设上做表率，牢固树立马克思主义的世界观、人生观、价值观和正确的权力观、地位观、利益观，始终保持振奋的精神和良好的作风，弘扬新风正气，抵制歪风邪气。严格高校各项考核制度，抓好教风、学风和考风，注重学生的良好生活习惯养成，营造良好学风氛围，逐步培养学生踏实、勤奋、严谨求实和开拓创新的优良品格。

三、社会环境

社会教育的显著特点是渗透性，这种教育通过潜移默化的影响对大学生产生作用。通过社会各界对优秀传统文化的挖掘，来实现优秀传统文化的创新性转化和发展，通过大环境的熏陶和感染，使大学生的道德价值观逐步向社会主流道德价值观靠近。

培养大学生的集体主义精神是大学生文化素养的重要内容，也是对大学生进行社会教育的重要部分。纵观中华民族的近现代发展历史，中华民族长期遭受内忧外患。要通过对中华传统文化史的学习，使大学生具备强烈的民族忧患意识，为了民族振兴，中华儿女逐渐形成团结在一起、克服各种困难的传统，在外部客观条件的影响下，集体主义成为中华民族的传统文化精神。

进一步建立社会主义核心价值观教育的社会基础。广大青年树立和培育社会主义核心价值观应“加强道德修养，注重道德实践”。为此，应持续推进社会主义核心价值观教育，使核心价值观所承载的道德价值理念深入人心，形成社会共识和行为准则，持续净化社会道德环境。

充分发挥社会公益组织的教育作用。通过高校本地博物馆、历史陈列馆对大学生的免费开放，让大学生系统了解和学习本地传统文化的内容，引导大学生多进入敬老院、孤独院等机构做义工，通过这些活动，自觉提升大学生的思想素质和心灵体验，为大学生道德价值观的社会实践创造良好的条件。

在传统文化教育中，学校教育、家庭教育和社会教育的本质目标是一致的，都是让受教育者的综合素质得到全面提高，促使个体不断实现自我价值，为社会做出更大贡献。

四、新媒体环境

新媒体是利用数字技术，通过计算机网络、无线通信网、卫星等渠道，以及电脑、手机、数字电视机等终端，向用户提供信息和服务的传播形态。依托新媒体弘扬传统文化、净化网络空间是继承和发扬中华优秀传统文化的一个重要手段。新媒体具有方便、快捷、时效性强等优点，是当代大学生传统文化教育中一个超越时间和空间的重要工具。要培养大学生的新媒体素养，引导大学生理性看待新媒体的信息内容，做到“非礼勿视、非礼勿听、非礼勿传、非礼勿做”文明使用新媒体的习惯，自觉净化网络空间，做新媒体时代中华优秀传统文化的传播者。

综上所述，当前高校优秀传统文化教育，要充分发挥家庭教育、社会教育、学校教育和新媒体环境教育的作用，使其相互作用、相互补充，构建中华优秀传统文化教育形式相互配合、相互促进、协同发展的综合教育机制。高校要创建和谐互动交流的中华优秀传统文化教育的平台，特别是网络平台。要建立以高校为主导，地方政府、社会、家庭各方面力量和人员共同参与的教育网络组织机构，加强各方的信任和交流，实现多方相互支持、相互联系、相互信任和相互配合，创建良好的优秀传统文化教育氛围。

第三节　教师队伍保障

在传统文化教学中，不少教师往往只注重文化知识的传授，而忽略了对学生能力特别是思想品质的培养。作为民族文化认同的建构者，教师首先要自觉承担起传承优秀传统文化的伟大使命，自觉做民族精神的建设者、弘扬者和传播者。

一、端正传统文化课程教师的教学态度

高校传统文化课程教师一定要端正教学态度，充分认识到在高校进行优秀传统文化教育的重要性，并把优秀传统文化教育渗透到日常教学和行为中去。文化是民族的血脉，优秀传统文化是一个国家和民族传承和发展的根和魂，如果把中华民族的根和魂丢掉了，中华民族就会落后、衰败和灭亡。高校教师一定要有文化自信，没有高度的文化自信，就没有文化的发展和强大，就没有中华民族的伟大复兴。回顾历史，中华民族的发展和强大，都是中华民族从充分的文化自信中产生巨大的力量，不忘过去才能开辟未来，善于继承才能更好创新，中华民族要继续前进，就必须根据时代条件，继承和弘扬民族精神、民族的优秀文化，用优秀传统文化的思想滋养大学生的文化自信和民族气质，培育大学生不忘初心、牢记使命和自强不息的民族精神。

要分辨传统文化中的精华和糟粕，辩证地认识它们在现实生活中的作用，既要看到传统文化的积极作用，也不能忽视其消极作用。对历史文化特别是先人传承下来的价值理念和道德规范，要坚持古为今用、推陈出新，有鉴别地加以对待，有扬弃地予以继承，应该具体问题具体分析，取其精华，去其糟粕，批判继承，古为今用。在高校传统文化教育中，以科学的态度对待传统文化，能更好地延续民族文化血脉，为实现中国梦提供最深厚的文化软实力。

二、丰富高校教师的优秀传统文化知识

“师者，所以传道授业解惑也”，内圣才能外王，教师要教好学生传统文化知识，首先自己要对传统文化内容做到熟记于心、应用于身，把传统文化内容应用到自己的生活中去，才能在传统文化教育中游刃有余。高校要加强面向全体教师的中华优秀传统文化教育的系统性和科学性培训，全面提升师资队伍水平。可以说，中华优秀传统文化能否贯穿国民教育始终，实现立德树人的根本任务，关键是看有没有一大批懂传统文化、懂传统文化教育的好老师。

在学习优秀传统文化课程，自觉学习传统文化，并把传统文化的思想运用到自己的生活和工作当中，绝不只是传统文化教师的任务，而是全体教师共同的任务。在基础课程和专业课程当中，教师也要适时地进行传统文化教育。

高校教师要系统学习优秀传统文化，必须加强自己的品德修养，对优秀传统文化教育要有一个正确的认知，对中华经典进行系统研修，在日常生活和工作中进行反思与践行，把中华优秀传统文化的精髓融入学习生活之中。

对教师而言，传统文化素养的获得，最重要的途径就是自身发自内心的读书渴望和行为。在内容选择上，应从传统文化原著入手，阅读原著、感悟原著，直接与古圣先贤对话，在学习中感悟经典中的道理和智慧，从经典中汲取生命的滋养。使教师在潜移默化中净化心灵、提升精神境界，增长才气、灵气，提升人生格局，培养家

国情怀，从而更好地传道授业解惑，强化责任担当。用丰富的中华优秀传统文化知识来武装教师队伍，让教师具有独特的人格魅力，具有圣贤的聪明智慧，让教师散发个人魅力，增加正能量，更好地教育学生，能让高校优秀传统文化教育丰富起来，让传统文化教育收到实效。

三、提高传统文化课程教师的教学能力

提高传统文化课程教师的教学能力是保障高校优秀传统文化教育效果的重要手段，传统文化课程教师的教学能力包括以下六个方面：

一是文化认识能力。在高校优秀传统文化教育中，不能以活动代替传统文化教育。现在国内出现了国学热，这是一个好现象，学国学的热潮能促进大学生对传统文化的学习、理解和掌握。作为教育工作者，其文化认识能力，即用什么样的视角去看待以及引导学生看待传统文化、学习传统文化，不仅关系到对优秀传统文化的继承和发展，也关系到学生思想的进步和观念的创新。让学生学习优秀传统文化，必须注重自身对优秀传统文化思想的理解和领会。

二是理论学习能力。要注重教师对传统文化思想和内容的理解把握，不能单纯以开展活动代替传统文化学习，这是学习传统文化的一个误区。

三是知识识别能力。在教学中，对于传统文化的内容，教师要做到准确理解和掌握古圣先贤的真实思想，不能凭某位大家的解读或是

自己的理解而"戏说"。例如，儒家的中庸之道，"中"的目的是"和"，"庸"的意思是"平常"或"普通"。归纳起来，所谓中庸，就是做事恰到好处。在处事方面，要合乎中道，不能只顾到此方面，而不顾到别的方面；在对等名利方面，要坚持用最平常的办法，淡泊名利，知足常乐，要脚踏实地，只问耕耘，不问收获，不因得小利而失大义，也不因耍小聪明而适得其反，弄巧成拙。但个别教师由于对传统文化理解不深，曲解了中庸的思想，把"中"当成"不彻底""模棱两可""折中"等，把"庸"理解为庸碌，左右逢源，凡事退让不争取，并不是中庸之道，这是对中庸的曲解。

四是教学设计能力。主要包括传统文化教学目标的设计能力、教学内容的设计能力和教学过程的设计能力。传统文化课程教师要依托中华优秀传统文化的具体教学设计过程，逐步解读培养目标、课程目标和教学目标，从其原有知识水平出发，合理安排教学内容、充分把握教学节奏，对教学过程进行统筹规划。

五是教学实施能力。课堂教学要紧紧围绕教学对象、教学内容以及课堂环境来开展。要充分调动学生学习优秀传统文化的积极性，充分利用音频、视频、PPT、图片等多种多媒体形式，结合现代信息与通信技术，灵活多样地实施课堂教学。建立高效的课堂管理机制，提升学生的课堂学习参与度。

六是教学评价能力。应确立合理科学的评价机制，设立准确的评价目标，充分收集、整理不同种类的数据，找准传统文化教学中的评价依据。在传统文化课程教学中要及时审视自身的教学行为，反思教学过程中的优势与不足，不断改进自身教学。

第四节　优化德育评价机制

高校优秀传统文化教育的评价机制是否完善，是优秀传统文化教育效果能否得到保证的一个重要因素。高校优秀传统文化教育的评价内容包括对学校、教师和学生评价等，当前在优秀传统文化教学改革过程中，需要构建多元化的评价机制。

一、高校优秀传统文化教育评价机制建立的原则

高校中华优秀传统文化教育评价机制应该遵循科学性、人文性、时代性、发展性和示范性等基本原则，围绕中华优秀传统文化融入教学评价的导向和调整、认定和诊断、激励和惩罚等功能，创新性地构建和完善。

评价是活动的保障，科学合理的评价能发现评价客体出现的问题，以便不断总结经验，克服缺点和不足。多元化的教育评价机制，首先要建立详细的评价指标体系，明确评价目的、评价范围、评价内容和评价标准；要坚持以人为本，考虑个体素质和全面发展；要坚持实事求是，客观和现实地评价高校优秀传统文化的教学现状；要将定量评价和定性评价相结合；要注重评价的反馈功能，及时发现和调整存在的问题，用评价来激发评价客体的主观能动性。

二、扩大责任主体和客体

在高校优秀传统文化教育评价中，评价者是主体，被评价者是客体，评价的客体包括传统文化的教育者、受教育者、教学环境、教育方针、教育内容、教育方式和教育效果等。

高校优秀传统文化教育的主体不只是思想政治课教师，还包括各部门和全体高校教职工。

在优秀传统文化教育客体受教育和思想情操提高的同时，教育者也同时在受教育，教育者的思想道德素养也在不同程度地提高。主体与客体相互作用，相互促进，相互提高。

三、建立适合本校的优秀传统文化教育评价体系

要制定科学合理的评价方案，形成适合本校的优秀传统文化教育评价体系。在原有评价指标的基础上，扩充与社会经济文化建设发展相适应的高效合理的评价指标体系。要根据自己学校的具体情况和自身特点，制定重点突出、科学有效的评价方案。

优秀传统文化教育评价体系具体由如下八个方面构成。

一是教育理念。学校对开展中华优秀传统文化教育活动是否有正确的认识，是否树立“立德树人”意识，是否通过各种渠道宣传中华传统文化理念。

二是教育管理。学校是否有传统文化教育活动管理机构，是否有专人分管传统文化教育活动的组织、落实、检查和督导；是否有教育

活动的实施方案，是否有开展教育活动的阶段性检查和小结，资料是否齐备；是否有教育活动的评估体系，并纳入教育评估范围。

三是教师队伍。是否有组织开展传统文化教育师资培训，以保证教师数量和质量满足教育教学需要；是否有定期开展公开课、观摩、交流学习等活动。

四是课程建设。是否将中华优秀传统文化教育纳入教学课程，课程是否开足、开齐；是否有教育活动的计划、教案。

五是主题活动。是否有主题活动，主题活动是否内容丰富、形式多样，学生参与度如何；是否开设道德讲堂，定期开展多主题的道德讲堂活动；是否定期举办传统文化教育专题研讨会、成果展示以及经验推广等活动。

六是校园文化。是否在校园布置图文并茂的传统文化宣传内容；是否有班级文化体现传统文化宣传内容；是否通过校园广播、网页等多渠道宣传传统文化。

七是教育条件。传统文化教育经费是否列入学校经费预算，以保证传统文化教育的正常开展；学校有关设施设备是否满足课堂教学和教育活动的需要。

八是教育成效。师生的精神面貌、文化修养和道德情操是否有明显的提高；教育活动是否形成本校本地的特色和品牌，是否值得推广。

第七章　中华优秀传统文化与德育教育相融合的原则与路径

第一节　坚持正确指导和批判继承的原则

一、坚持正确指导方向

正确指导方向之所以成为指导各地无产阶级革命事业的科学理论，就在于其始终能够与各国革命的具体实际相结合，不断形成新的理论成果，保持了其自身的生机与活力，并推进了无产阶级事业的不断向前发展。正是在正确指导之下，近代中国才逐渐摆脱半封建半殖民地的受压迫状态，建立起社会主义新中国，走上独立自主、自力更生的中国特色社会主义发展之路。

我们必须坚持以正确指导方向作为我国德育教育的指导思想，在中国传统文化与德育教育相融合的研究中，要正确把握中国传统文化与德育教育的内在关系，正确把握中国传统文化在当代德育教育中的应有地位。应该说，对中国传统文化的研究“必须坚持以正确指导方向为指导，二者之间是支援意识与主导意识的关系”，在努力挖掘中国传统文化的德育教育资源时，必须将其中国传统文化视为德育教育理论的支援性资源，而不能本末倒置。

二、坚持批判继承的原则

在探讨中国传统文化应该如何融入德育教育这一问题之前，有必要了解清楚中国传统文化与现代化之间的关系。对于二者的关系，传统文化与现代性的关系大体包括四个方面：一是契合性。比如，自强不息的进取精神，诚信为本的价值观念，可以成为现代化的内在动力；二是冲突性。比如，传统的等级观念与现代平等理念，人治习惯与法治社会，群体至上与个性发展，中庸之道与社会竞争，伦理中心原则与物质利益原则，都存在着矛盾和冲突；三是潜现代性或准现代性。比如，传统文化中的“民贵君轻，民为邦本，本固邦宁”；“水可载舟，亦可覆舟”，必须经过创造性转化，才能成为现代的“本土”思想资源；四是后现代性。在对工业文明负面效应和人文精神的弘扬方面，现代新儒学体现了某种后现代性，这是人类思想螺旋式发展的反映。也就是说，在中国传统文化中，既存在可以直接古为今用的德育教育资源，也存在着完全不适应当代德育教育需求的糟粕性内容，还存在着必须要经过现代转化才可以发挥作用的德育教育资源。因此，应当基于现代转化的视角，本着“取其精华、去其糟粕，古为今用、推陈出新”

的原则，理性分析中国传统文化对于当代德育教育的价值。具体而言：

第一，坚持批判性原则。批判性原则是指对待文化不应该完全地接受或否定，而应该批判地继承。这也正是我们对待中国传统文化的正确态度。与世界上任何一种文化相同，中国传统文化，既存在精华也存在糟粕，中国传统文化中的优秀精华培育了我们的民族精神，而中国传统文化的糟粕一定程度上也影响了民族和发展的社会。因此，在中国传统文化与德育教育相融合的过程中，应该秉承“取其精华，去其糟粕”的批判性原则，对中国传统文化进行理性审视，在吸收、融合其优秀精华的同时，还要对中国传统文化中的糟粕进行认真的辨别，使其适用于我国当前的德育教育。相反，如果照搬中国传统文化而不对其进行理性审视，就可能将其中的糟粕内容也一并带入德育教育中，对德育教育的发展产生阻碍作用。

第二，坚持创新性原则。中华文明之所以历经五千余年而绵延不断，正是由于中国传统文化自身所具有的包容与开拓的自我革新精神，它才能在与各种外来文化的不断冲突与碰撞中，借鉴、吸收其精华并将其内化，使中国传统文化不断突破自身缺陷，实现自身发展创新。近代中国之所以走向衰败，正是由于闭关锁国的自我封闭，没能突破自身缺陷，被同时期极富开拓扩张精神的西方文明所超越。因此，我国当前的德育教育只有不断借鉴吸收中国传统文化，以及其他西方文化中丰富的德育教育资源，才能不断发展创新。

第三，坚持适度性原则。作为德育教育学科的研究方向之一，中国传统文化与德育教育研究是在诸多学科领域的交叉视野中进行的。如中国哲学史、中国教育史中关于古代道德教化理论及其运行模式的研究，中国伦理学史、中国德育史中关于古代道德教育理论的研究，以及其他学科的研究方法，如中国哲学史关于古代经典的解释方法、对中国传统文化价值的解读方法等。应当注意的是，这些学科的研究成果只是从方法论与研究内容上提供借鉴，并不能取代德育教育学科的独立思考，要在研究中凸显德育教育学科的独特立场，借鉴其他学科的研究成果或研究方法必须是适度的、有条件的，决不能把其他学科的研究内容照搬过来，或者用其他学科的内容来拼凑德育教育的内容。

第四，坚持渗透性原则。与强制灌输原则不同，渗透性原则强调了文化对人的熏陶感染，使人们在潜移默化中主动接受新的知识、技能或思想观念等，它有助于发挥受教育者的积极性和主动性。

第五，坚持互补性与互容性原则。长期以来，我国的德育教育实践中一定程度上忽视了文化功能，这就使得德育教育一直偏重于简单空洞的理论说教和意识形态的直接灌输。中国传统文化的教育方式有助于弥补我国当前德育教育模式的不足，引导教育模式的创新发展，增强德育教育的实效性。

第二节　中华优秀传统文化与德育教育相融合的路径

一、将中华优秀传统文化纳入德育教育范畴

将中国传统文化作为德育教育重要素材来源之一，纳入德育教育

范畴。在高校中开设中国传统文化课程，如讲授《周易》《诗经》《楚辞》《论语》《孟子》《大学》《中庸》《荀子》《韩非子》等中国传统文化经典典籍，并揭示其现代价值等，使学生在中国传统文化的熏陶下，不断提高自身的思想道德素质和传统文化素养，实现德育教育的育人目标。

二、在全社会营造良好的中国传统文化氛围

历史经验告诉我们，任何民族在任何时代都必须重视弘扬本民族的传统文化。一个国家或民族如果离开了本民族的传统文化，就会丢掉文化之根、文化之魂，失去发展方向。党的十八大报告明确提出，要树立高度的文化自觉和文化自信，建设优秀传统文化传承体系，弘扬中华优秀传统文化。社会文化环境通过融合在人们周围的各种教育因素，影响人的思想面貌和价值取向，影响德育教育的内容和方式。同时，德育教育也需要社会大环境的支持和帮助，只有整个社会认同重视中国传统文化，才有中国传统文化与德育教育相融合的土壤和基础。以高度的文化自觉和自信营造全社会重视传统文化、发展传统文化的良好氛围，是时代的呼唤，也是全社会的责任和义务。我们应吸取历史的经验教训，客观地认识中国传统文化，批判地继承中国传统文化中的优秀部分，为中国传统文化与德育教育的融合营造良好社会氛围。具体来说，首先，作为中国传统文化教育的领导者和推动者，国家和政府要在思想上高度重视中国传统文化教育在全社会的推广工作，要重视对中国传统文化资源的挖掘和运用，在全社会开展丰富多

样的中国传统文化活动，并配合以相应的制度建设，通过起草出台加强传统文化教育的文件，从领导体制、规章制度、经费投入等方面提供制度保障，确保中国传统文化教育活动能够在全社会持续稳定地开展下去。

例如，可以通过加强对我国非物质文化遗产的保护和宣传，完善法规、制度措施，强化全民保护意识，培养弘扬传统文化的社会风气和良好习惯。可以通过拓展传统文化的舆论空间，在学校、工厂、军营、车站、机场、码头等各种公共场所，设置标语、图片、宣传画等载体，展示中国传统文化，让人们生活在中国传统文化的氛围中，时时处处接受传统文化的教育，感受传统文化的魅力。可以通过新闻媒体设专栏、办专刊，介绍中国传统文化，开展传统文化研讨活动，加大宣传力度，展示传统文化之美，形成舆论环境。可以开展以弘扬传统文化为题材的创作演出活动，让传统文化走上艺术舞台，进入影视节目和文学作品，在潜移默化中培养人们对中国传统文化的兴趣与爱好，让人们接受传统文化知识。可以引导和支持广大社会团体、公共部门最大可能地开放相关资源，让越来越多的人走进历史文化场所、走向文化舞台、亲近传统文化等。只有全社会都形成了正视、重视中国传统文化的良好氛围，才能使其更好地融入德育教育，中国传统文化与德育教育的相融合，就不仅是应然之态，更是实然之举。

三、加强科研与教师队伍建设，提高科研与教学能力

中国传统文化与德育教育这一研究方向，要求教师与相关研究者

必须至少具备两方面的专业学术能力：一方面必须具备深厚的中国传统文化功底，能够恰当运用中国哲学的研究方法诠释传统典籍，并能够呈现中国古代文化思想的真实面目，避免泛泛而论与牵强附会；另一方面必须对德育教育原理有深入的了解，能够正确、及时地把握党的方针、政策与路线，坚持以正确指导方向立场作为传统文化研究的指导。

加强这一研究领域的科研与教师队伍建设，可以邀请不同学科的权威专家进行有针对性的培训或讲授，增强他们对中国传统文化与德育教育这两个方向的综合交叉研究能力。要增加相关研究方向的科研项目和学术研讨交流机会，使其在深层次学术交流探讨中增强对两种学科知识的融合度。要增加相关科研项目经费，提高相关专业教师与科研工作者的待遇，增加教师与科研工作者的专业认同度。

四、关注社会现实，引入问题意识

理论研究唯有对社会现实做出积极回应，才能获得持续发展的源头活水。在德育教育中，对中国传统文化中的德育资源的挖掘与阐释，应能够对人们所关注的现实问题做出有效回应，使理论研究获得开阔的视野与济世的情怀。

因此，关注社会现实，从实证调查入手，在寻找问题、引入问题中确定研究的切入点，不断开拓学术视野，是中国传统文化与德育教育相融合研究的重要途径。

第三节　高校德育与中华优秀传统文化隐性教育融合的对策

针对传统文化隐性教育所面临的困境，以及传统文化与隐性教育这两者的自身特点，本节将从教育主体、教育载体和教育内容三个方面，来探讨传统文化隐性教育的体系架构，以求在解决传统文化隐性教育问题的基础上，构建传统文化隐性教育的路径体系。

一、发展传统文化隐性教育的主体

教师是传统文化隐性教育的主体，教师的自身素养与德育的自觉意识对传统文化隐性教育的开展，有着重大的意义。教师只有充分认识到教师育人的所在责任，并加强自身修养，才能在高校德育中发挥应有的作用。显性德育一直以来居主导地位，隐性德育则重视不足。在新时期，要充分发挥传统文化隐性德育的作用，一方面培养教育者全员育人的理念，提高教育者开展隐性德育的意识；另一方面，加强教育者自身品德的培养及传统文化的修习，为传统文化的隐性教育提供有力保障。

（一）树立教师全员育人理念，提高教师隐性育人的自觉性

一个合格的教师不能只专注于某学科的教学，要关注人类优秀文

明和先进文化的传播，注重学生的成人与成才。高校的隐性德育与学生知识层次的提高有高度的关联性。德育发展与知识层次提高的这种关联性，在一定程度上要求一种教育理念的出现，那就是知识传授、思想塑造、道德培养三者相结合，从而实现“知识教育”向“成才教育”的转变。新时期，全员育人理念的形成，首先就在于要使高校所有教职员工——包括专职教师、行政管理者、后勤服务者，都意识到，高校的德育工作不仅是辅导员或者专职教师的责任，也是他们的责任，他们都是德育的主体，都承担着大学生“成人”的职责。高校德育主体因素的有效利用是隐性德育功能充分发挥的主要前提。如果教师不能充分认识到自身育人的责任所在，没有隐性育人的自觉意识，就很难主动有效地利用自己工作中的德育因素，全面作用于大学生的学习环境和生活空间，传统文化隐性教育的顺利开展就只会是一句空话。高校教职员工应该从自身的工作实际出发，充分发掘本职工作与德育的联系。专职教师应该在做好自身专业教学科研的基础上，积极探索专业学科教学与德育的联系。行政管理者在进行管理办公的同时，应注意管理所承载和传递的德育作用。后勤服务人员应增强有关服务育人功能的思索。这样，才能真正树立起育人于一流教学、有效管理、优质服务三位一体的全员育人理念，切实营造起有利于学生“成人”“成才”的良好环境。树立全员育人观，能为传统文化隐性教育的实施创造充分条件，更好地调动全体教职员工的积极性，有效地实施传统文化的隐性教育。

如果说，全员育人理念的形成，是传统文化隐性德育实施的基础和前提，教师隐性德育理念的形成、隐性育人自觉性的提高，则是传统文化隐性教育有效实施的有力保障。高校教师在树立全员育人理念的同时，还应当树立全面的德育观念。在新时期高校德育中，显性教育方式与隐性教育方式的有机统一，已成为不争的事实。高校教师在注重显性教育的同时，更需要提倡和发展隐性教育，提高隐性育人的自觉性。学生在校园中所受到的影响来自方方面面，它不仅有源自系统的德育课程教学，还有来自校园精神、校园环境等各种潜在影响。直白的道德说教、硬性的教学管理，对于充满活力、富有思想和主见的新时期大学生，很难达到预期的德育效果。要充分利用校园中丰富而又生动的教育资源，精心营造浓厚的德育环境，使大学生通过自身的体验和感受来获得道德的洗礼。教育者只有树立全面的德育观，充分认识到隐性教育在高校德育中的重要作用，才能有效地实施传统文化的隐性德育。

（二）加强教师传统文化修养，注重教师身正为范的榜样性

“学高为师，身正为范”，这是对教师职业的最好阐释，也是对教师修养的基本要求。教师要重视自身的素养，以身立范，因为教师的一言一行都会有形或无形地对学生产生影响，学生也总是会自觉或不自觉地从中受到熏染。因此，教师必须不断加强自身修养，内强素质，外树形象，以其正确的政治方向、高尚的道德情操、严谨的治学态度和卓尔不凡的人格魅力去感染学生，为学生树立榜样。

教育者要树立言传身教的观念。高校德育工作者的表率作用，是隐性德育的一种重要因素。其身正，不令而行，其身不正，虽令不从。教育者自身的思想理念、道德风貌、工作作风、行为举止如何，

能否赢得大学生的信任和尊敬，往往从一开始就决定了道德教育的内容能否被学生认同和内化。所以，高校德育工作者要言行一致、表里如一，以身作则、身体力行社会道德规范和要求，使自己成为学生的表率，真正无愧于“人类灵魂工程师”的光荣称号。

教育者要加强文化修养。高校德育实效的提高有赖于教师、管理者和服务人员的共同努力，而其中又以教师的学术功底和人格力量对大学生的影响最为深刻。学术影响来自相关研究领域的突出表现及重要地位，它比任何语言更具有说服力，能使教师获得学生的最大敬仰和行为效仿。当然，非专业知识的广博同样具有重大的作用。就像一个专门研究物理学的教师，如果还精通中国古典文学，那么，这样的老师无疑是更具有影响力的。教师的人格力量主要体现为健康的价值理念、高尚的道德情操和强烈的责任意识。一个具有高尚师德的教师，就是一部好的教科书，能给学生带来深刻而长远的影响。总之，一个好教师要靠自己的学术影响力和人格上的感召力去影响、引导学生。教师对传统文化的修习无论是广博知识上还是人格力量塑造上，都有着得天独厚的优势。

传统文化有着时代的局限性；但是，其中许多思想、内容至今仍熠熠生辉，对人格的塑造发挥着巨大的积极作用。价值观方面如爱国、正义、天下为公等，职业道德的基本要求方面如“敬业”“慎独”“见利思义”“义而后取”等，社会公德的基本原则如“己所不欲，勿施于人”。此外还有温、良、恭、俭、让、仁、义、礼、智、信等都是中华民族文化精神的精髓。这些传统文化有着强烈的伦理意识，十分重视道德修养和道德教育，以孔子为代表的儒家学说，强调以完善人的主体道德作为完善社会道德的基础，将个人的修养同国家、社会紧密联系起来，强调个人在人伦关系中的权利义务。

二、开发传统文化隐性教育的载体

高校德育载体是指，在高校德育过程中，联系德育主客体并承载、传递德育的内容和信息的形式与手段。传统文化隐性教育的载体。其形式与手段存在正面、直接和隐藏、间接的区别，具有间接性、潜隐性和庞杂性等特点。高校隐性德育资源的开发与利用，是新时期提高高校德育实效性的一个重要课题。

（一）开发高校隐性教育资源，丰富传统文化彰显形式的多样性

德育目标的实现有赖德育载体的彰显，而德育载体的开发与运用，对高校德育目标的实现将起到事半功倍的效果。在我国多年的德育建设中，相关学者对于德育载体做了深入探究，取得了不少成果。例如网络广播、刊物、课堂教学、社团活动、校园文化等等。这些载体表现出了强大的生命力，在今天的高校德育工作中仍然具有重要作用。传统文化的隐性教育是高校德育在内容和方式上的细化，两者的载体存在着差异，但也有着统一性，一方面，要借鉴继承；另一方面，也要紧跟时代步伐，善于开发利用新的载体，来实现德育内容和方法革新的要求。

第一，寓传统文化于校园文化之中，发挥校园文化育人功能。校园文化是文化与精神的积淀，它包括历史传统、潮流思想、价值理念

等一系列文化的因素。在新形势下，校园文化因其无形的影响方式，成了高校学生所易于接受的德育载体，而它与传统文化的易融合性，也使它成了传统文化隐性教育的重要载体。

培养良好的校风，形成积极的文化氛围。校风是指在一定的条件下，学校全体成员在学习、工作和生活等方面，经过长期的培养、沉淀而逐步形成的态度和习惯。它包括师生的精神面貌、价值态度、思想道德、文化修养等各种因素。校风一旦形成，便具有相对的稳定性和影响的持续性。积淀越久，无形的精神力量就会更强大。它能跨越时间与空间的局限，对师生产生持久的、潜移默化的影响，使他们的行为符合它的要求，自觉地抑制或改变师生那些不符合规范的行为和作风。校风主要包括学校领导的作风、教师的教风和学生的学风等。本节主要从教风和学风两个方面加以简述。

教风建设是校风建设的核心。校风主要是由教师的教风和学生的学风构成的，而教师的教风处于核心的地位。教师的教学素质、治学态度、教学方式，对学生无论是在专业教育还是德育教育，都有着举足轻重的作用。可以说，教师是学校赖以存在的灵魂，而教风则是教师的履职风范和职业精神，教师的专业素养、人格和能力，是体现学校实力和形象的主要因素。新时期加强教风建设有着重要的意义。加强教风建设，首先在于强化教师专业素养、人文素养和人格魅力等方面的发展，这就可以借鉴中国丰富而广博的优秀传统文化。当然，集体的力量才是最大的。在加强教师个人素质的同时，也应该注意教师集体的培育，只有用集体的思想理念和人格魅力，才能创造出一个积极向上的精神氛围，从而达到感染学生，培养学生良好学风的目标。

学风建设是校风建设的基础。如果说，教风建设是校风建设的核心，学风建设就是校风建设的基础。学风是学生对待学习的理念、态度所形成的一种主流风气。优良的学风是一种氛围，使人受到感染和熏陶。同时也是一种动力，使学生时刻怀有紧迫感和使命感而积极进取，早日成才。优良的学风更是一种约束力，能有效规范不良的思想倾向和行为举止。优良学风一旦形成，就会对生活在这个环境里的学生产生巨大的规劝、规范作用。学风建设在校风建设中有着不可或缺的作用，学风建设应坚持以正面引导为主。加强对学生社团的建设与管理，促进各项文化活动的开展，同时也要开发校训、校歌、校徽等各种传统文化资源，塑造学校的整体形象。

优秀传统文化为校风建设提供丰富素养。无论是道德规范、协作精神、管理思想，还是治世治学的经典理念都无所不包，无所不容。新形势下，博大精深的传统文化对校园文化的建设有着重要的作用。校园文化也是彰显优秀中国传统文化思想的重要方式。

开展校园文化活动，践行传统文化思想。校园文化活动是传统文化隐性德育的重要载体，传统文化隐性德育的心理强化来源于校园文化活动中大学生的自身实践。道德的认知并不等于道德的行为。这一过程的实现有赖于道德情感和道德意志的强化。校园文化活动主要包括传统文化节日活动、科技实践活动、文体娱乐活动等。它有着“润物细无声”的德育效果，能有效培养大学生的道德情操。在各种校园文化活动中，大学生通过参与活动的过程来感受自我、认识自我，并对德育思想做出理解和升华。

比如，通过端午节学生不仅可以感受到屈原的爱国情怀，也能感悟到为国家的兴亡不惜牺牲一切的执着理想。当然，能感悟的还有许多许多。这种文化活动的德育效果比直白的说教来得更真切，更能让学生产生共鸣。学校可以根据大学生德育的需要，广泛开展各种具有传统文化活动，并寓德育目标、内容于活动之中，使学生们通过活动的参与来得到体会和感悟，使思想品质得到升华。

美化校园环境，建设文化底蕴校园。校园建筑乃至校园的一草一木，都可以成为传统文化隐性教育的载体。学校的总体布局体现出校园的主体精神。校园中的花草树木挂牌竖匾，可考虑使用富有哲理性的诗句警语。建筑物、道路的命名，可用既具有知识性，又具有教育性的古代圣贤。校训、校史，还有校园“名人堂”、校园中名人塑像、楼道的名人画像及其名言等，都可以用能对学生产生感召作用和激励作用的优秀传统文化。人们如果在塑造自然环境过程中，别具匠心，使具有生命灵性的人文精神转化为一种信息储存于有形的载体中，和自然风景和谐统一，这样的环境会对大学生思想政治与道德品质的形成产生重要的影响。

第二，寓传统文化于网络之中，发挥网络的德育功能。互联网以其强大的功能在今天成了最重要、最快捷、最强大的信息交互方式，备受大学生的青睐。网络的开放性，使信息的全球化进程加快，给新时期的高校德育工作，既带来了机遇，也带来了挑战。机遇方面，互联网的发展同时也为高校传统文化的隐性教育提供了绝好的平台。传统文化内容广阔，形式丰富，网络的出现与发展，让传统文化找到了丰富的传承与彰显方式。许多不易于彰显的国容，也可以在网络绽放光彩。比如，中国传统的工艺文化，其融入网络主页、桌面页面的设置能典雅其外观观赏，让浏览者可以在无意识的状况下感受到中国传统文化的博大与精深。先人事迹、成语故事、灯谜字谜这些形式多样的内容，也可以得到很好的呈现。针对传统文化的隐性教育，教育者一方面，可以充分利用互联网及时掌握学生的思想动态，并对此调整传统文化与网络的结合方式，丰富传统文化的各种表达形式，提高传统文化隐性教育的针对性和有效性；另一方面，可以利用网络形式丰富多彩的特点，寓传统文化于网络之中，让学生在网络的海洋中游弋之时，时刻能感受到传统文化的气息，从而达到“润物细无声”的功效。网络环境在传统文化的隐性教育中，表现出了重要的意义。高校德育工作者应将网络环境建设纳入高校德育建设的重要对象，以期能充分发挥其隐性育人的强大功能。

学校应加快校园网络的建设，优化传统文化与网页制作的融合。校园网络的建设首先在于加快高性能的硬件设施建设，为校园打造一个畅通与覆盖全面的校园网络环境。这是其发挥德育作用的前提和基础。传统文化的隐性教育与网络的主要结合之一，在于传统文化与网页设计的融合。如精美、清晰的校园网主页大图，可制作中国传统节气融入校园风景照，根据二十四节气进行更换。学生在浏览网页时，既可熟悉传统文化，也能对优美校园环境产生共鸣。

借助网络载体的优势，构建新型传统文化德育阵地。利用网络载体的优势，建立一批高校传统文化德育的专业网站或APP、微信公众号等，形成传统文化德育工作的网络体系。当然，纯粹的说教显然不能吸引读者的注意，只有充分发挥多媒体技术的优势，开展富有知识性、娱乐性和参与性的文化活动，使网上传统文化德育内容图文并茂，声像俱全，使内容形式丰富多彩，才能吸引广大大学生的积极参与，达到理想的育人效果。

规范网络行为，净化网络环境。网络的开放性是其最大优势，其带来的不良影响也是其最大的弊端。校园局域网应该对信息文化进行审查和监控，在文化消费的选择和鉴别上加强引导，阻止不良思想理念的入侵，防止各种垃圾文化的传播，为大学生营造一个健康清朗的网络空间。

第三，寓传统文化于管理之中，发挥管理的育人作用。在管理的过程中，注意德育方法与管理手段相结合，贴近学生生活实际和思想实际达到育人的作用。它是基于高校德育实施的规定性和新时期教育对象的特殊性而产生的。目前高校德育中，教学资源还有限，德育内容的系统化必须要以学校组织管理的制度化为前提，从而使得组织管理的作用日益强化。在学生方面，进入大学时期的学生正处于成长成人阶段，他们的心理和生理还不完善，是非价值判断还不成熟，自我控制能力不强。管理人员会与大学生在直接接触中，可以及时了解学生们的学习、生活情况，以及思想动态，采取有针对性的措施对他们进行管理引导，并及时反馈教师，从而使得高校德育更贴近学生的思想实际。管理载体在德育中的作用是显然的，其管理内容、方法和手段是德育实效发挥的主要因素。传统文化隐性德育在管理中作用的实现，必然只有通过作用于管理内容、方法和手段等要素，才能达到相应的目标。中国传统文化中有着丰富的管理理念和管理文化，主要表现为“以人为本”“以德服人”“仁者爱人”等。在新形势下的高校隐性德育中，这些思想表现出了强大的生命力，符合时代发展的需求。当然，传统文化中的优秀管理文化还有许多，无论从儒家到墨家，还是道家到法家，其管理文化不一而足。新时期，要发挥管理的德育作用，高校首先要建立健全必要的规章制度，在对大学生进行必要管理的过程中，伴之以深入细致的德育。要注意把传统文化的管理文化和信息渗透到管理中，通过管理对学生的思想品德加以正确引导。

（二）探究高校隐性教育载体，增强传统文化与其融合的深入性

好的思想只有得到充分的彰显时，才有可能取得良好效果。高校传统文化的隐性教育途径是增强融合深入性的主要切入点和着力点。

加强传统文化与专业课程的融合。要充分挖掘各学科教学中有关传统文化的德育因素，增强教学内容和传统文化的联系。在自然科学类课程方面，要注意挖掘中国古代的领先科技，以及先辈们为追求真理而奋斗的动人事迹。阐释科学家们身上体现出来的科学态度和科学精神，以及他们勤于思索、敢于探索的勇气。在人文学科类课桯方面，各人文社会科学课程中的传统文化因素是非常丰富的。《诗经》以其鞭挞社会丑恶、向往美好生活的特有睿智，审视着人与人之间不同情境下的思想感情。《离骚》是中华民族爱国主义的千古绝唱，表现了关心人民、热爱祖国、追求理想、改造现实的顽强斗争精神。中华民族漫长的诗歌发展史给我们留下了浩瀚的人文资源，那蕴藏在诗词中的乐观进取的人生追求、务真求实的理性态度，以及宽容仁厚、公正廉明、刚正不阿的美德善行，从古至今，都是人们反复吟诵的对象。汉赋、唐诗、宋词、元曲和明清小说等文学艺术的发展高潮，更

是创造了绚丽多彩、辉煌灿烂、具有永久魅力的文学价值。它们以独特的方式，熏陶着中华民族特有的人文素质和民族精神。课程教学是高校的日常活动，是大学生基本的学习方式，加强传统文化与专业课程的整合，意义深远。

加强传统文化与物质环境的融合。优秀传统文化在高校中的隐性教育，要注意与校园物质环境建设的融合，要让学生在校园里能处处感受到传统文化的氛围。有些高校在学生宿舍及教室楼道上铭刻历代先贤的华美诗篇或谆谆教诲，行走在这样的楼道，或坐在这样的教室，立刻就能闻到中国文化悠远、深刻的气息，感受到浓浓的文化氛围，让人油然而生一种肃然起敬的感觉。传统文化在各种人文景观上的彰显，也别具特色。例如，与本校有关的名人雕像、表现校园精神文化的碑刻、富有美感的建筑小品、以校训或与学校有关名人命名的路牌等。这些人文景观，每时每刻都向学生们默默地传递着学校的优良传统和校园精神，激发起他们爱校、建校的热情，激励着他们奋发向上的精神。

加强传统文化与校园精神的融合。传统文化是培育和凝练校园文化、校园精神的重要资源。传统文化中所蕴含的价值理念、精神态度、行为取向，在现代大学文化和精神中都有所彰显。高校要充分挖掘学校自身历史传统的宝贵资源，结合学校发展战略和规划，根据办学思想和理念，努力凝练具有时代特征和学校特色的大学文化和精神，提升大学观念、志向和精神境界，不断增强学校的文化底蕴。通过大学文化的传播和大学精神的沉淀，发挥大学文化和大学精神对学生巨大的感染力、渗透力和熏陶力，真正起到凝聚人心、激励斗志、鼓舞士气的作用。

三、拓展传统文化隐性教育的内容

当今时代是一个变革的时代，当今社会是一个处于转型中的社会。时代变革、社会转型，必然使人们的道德生活环境发生变化，提出新的道德问题，这就需要高校德育贴近实际、贴近生活、贴近学生，与时俱进。传统文化的德育内容，也只有不断充实和丰富，才能适应新时期、新情况下高校德育的要求。

（一）深化传统文化思想继承，提升德育内容的广阔性

传统文化博大精深，其育人思想更是俯拾皆是。传统文化中无论是民俗民风、人格风范，都有许多生动而深刻的德育思想，它们对我国高校的德育有着重要的意义。

传统礼仪文化的继承。“礼”可以说是中国文化的突出精神。好礼、有礼，注重礼义是中国人立身处世的重要准则。中国文化认为，礼是人与动物相区别的标志。“凡人之所以为人者，礼义也。”（《礼记·冠义礼》）也是治国的根本之一。“礼，经国家，定社翟，序民人，利后嗣者也。”（《左传·隐公十五年》）礼同时又是立身之本和区分人格高低的标准。《诗经》言，“人而无礼，胡不遗死气”。历史上，礼是大至安邦立国、小至日用伦常的基本准则。孔子就提出：“不学礼，无以立。”就是说不知礼，就不能真正地立足于社会。“礼”不仅约束、引导和规范着人们的行为，而且是构成社会文明、社会和谐的重要内

容。自古以来，在人际交往和社会活动中，都注重各种礼仪、礼节，形成了许多言语、举止等方面的具体规定和规范，并达成了一种道德上的共识和态度，即按规定的礼节、礼貌行事说话是文明的表现，否则，就是失礼和粗鲁的，有时，甚至还会因此而给人的声誉，以及人际关系带来不良的后果。讲礼是一种文明意识和文明习惯，它源自个人的长期修养。新时期，礼仪文化对高校德育有着重要的作用，无论是素质教育建设，还是和谐社会建设，都对礼仪文化有着重要的要求。礼仪是文明礼貌的表现，它直接关系到新时期社会的整体形象和精神面貌，社会成员普遍地接受了礼而且能循礼而动，可以说，是和谐社会建设的时代要求。

优秀人格风范的继承。中国是一个注重人格修养、人格自律和人格影响的国家。古往今来，多少英雄人物用自己的行动甚至是生命彰显了其高尚的人格，激励着一代代后人实践与升华。这种代代相传的榜样力量的凝聚，铸就了中华民族的伟大精神，为高校的德育提供了无数高大的人格形象。人格风范在民族精神的传承中，具有巨大的榜样辐射作用。中国历史上出现过的具有高嵐人格风范的名人及其事迹，历来都是后人学习的楷模。随着我国文明的发展，在许多领域都涌现出了流芳百世而载入史册的、体现民族精神的楷模。正是这些坚实有力的民族“脊梁”，挺起了民族之魂。这是一种伟大的精神力量，它哺育和促使着一代又一代的仁人志士，为了中国的生存、进步和发展，为了推动历史车轮的前进而奋斗不息，前赴后继。榜样力量与群众实践的结合，是塑造健康人格和社会风尚的有效途径。人格虽然是一种个人的行为方式，但是，这种行为方式有着群体性辐射作用，即对社会、他人和家庭都有着重大而直接的影响。人格主要表现为以身作则、模范实践共同的目标和道德标准。它具有巨大的感召力、榜样力和说服力，能够令人心悦诚服地以其为榜样去实践、去创新。

（二）强化传统文化内容创新，提高教育内容的时代性

传承与创新是中国传统文化发展的重要特征和规律。中华民族的文明史，就是不断适应社会发展需要，推陈出新的历史。

传统文化的内容创新，一方面，表现为对历史所忽视的内容的重新探索。在历史的长河中，形成了丰富多彩的文化，但是，由于传统文化传承的选择性，以及统治的服务性，使得许多优秀的文化被遗弃。例如，西汉董仲舒提出的“罢黜百家，独尊儒术”就让纵横家、兵家、法家、墨家、道家等诸家的许多优秀思想遭到了抵制甚至消亡。在新时期，对遗弃文化的整理与探索，在一定程度上，也是对传统文化的创新。另一方面，主要表现为传统文化内涵的扩展，与时俱进而富于时代新意。

优良的传统文化与时俱进，才能满足时代的需要，才能继续发挥育人的作用，才能继续激发人民群众的民族自尊心、自豪感和对祖国的爱国主义热情。事实证明，传统文化一直也将继续对社会的发展起着积极的推动作用，因为传统文化其思想内涵的发展，不仅有着随时代进步的要求，还有着自身发展的内在活力因素。

第一，变易革新。在中国传统文化存在着丰富的变易思想。《易经》就是一部专门讲“变易”的哲学著作，它通过八卦推演，阐明了万物都是在矛盾运动中变化发展的道理，对后世产生了巨大的影响。

近代中国人在寻求救国之道，实施改革和变法时，变易思想也因此常常作为其变法和改革的根据。变易思想是中国传统文化中的重要思想，它不仅为其他事物的变革提供了依据，也为传统文化自身的发展提供了内在的支撑。传统文化的历久弥新与其变易创新的思想，有着分不开的联系。

第二，经世思想。经世思想是传统文化的基本精神。“修身”的目的是为了“治国平天下”。经世思想在不同时期，其表现也有强弱的不同。以清代为例，清朝初年学风朴实，定于经世精神中期，乾隆、嘉庆时，由于严厉控制议论，知识分子只好把自己的聪明才智转移至“故纸堆”的研究，致使经世精神隐而不彰。

可以说，发展到清末的经世思想就是一种救亡图存的思想，充分地展现了前人的社会责任观念。新时期，社会主义的建设、发展都需要人才，经世的内容与历史虽有很大的区别，但其精神内质是相同的，那就是“积极用世”。但也要防止当下一些高校普遍流行的“学习实用主义”——即以是否有用，能否给找到工作带来优势，能否产生经济效益等为准则的一种学习态度。大学生在市场经济发展的今天，在注重个人发展、个人前途的同时，也不能忘记个人的社会责任，人的社会价值。

第三，民本思想。中国传统文化中蕴含着丰富的民本思想。人为万物之灵，天地之间人为贵，这是中国传统文化的基调。后世儒者一直继承和发展着孟子的“民贵君轻”说，发展到明清之际，进步思想家王夫之、黄宗羲、顾炎武等人，对君主专制主义展开了严厉批判，同时，也把民本思想发展到了新的高度，使之具有了近代启蒙思想的色彩。民本思想发展到近代，传统文化中的民本思想首先为资产阶级的政治家、思想家们所继承，并在新的历史条件下加以发展和升华，以满足民族资本发展的需要。中国传统文化是一个融会了多民族文化而形成的综合体，具有广阔的涵摄性和包容性。近代从西方传入的各种先进思想理念，如科技思想、民主理念，以及“五四”以后传入中国的马克思主义，在博大精深的中国文化中，都可以找到融合点，从而被吸收到不断发展更新的中国文化体系中去，这是西方先进文化能够在中国传播、生根发展的重要原因。也是中国传统文化能创新发展的重要原因。

中国传统文化中的活力因素远不止以上所列举的三个方面。此外，像自强不息的进取精神、深沉的忧患意识等，都为近代文化的变革创新起了巨大的推动作用。在中国传统文化中，存在着这些积极的活力因素。它们也因此在中国文化变革中起着联结旧文化的作用，中国近代旧文化的创新、新文化的形成，都是吸收了许多传统文化精华的结果，具有鲜明中国民族特色。

主要参考文献

[1] 杨文涛:《中国传统文化》，中国言实出版社 2020 年版。

[2] 汤忠钢:《传统文化与人文精神》，光明日报出版社 2020 年版。

[3] 李丹:《中国优秀传统文化》，东北师范大学出版社 2020 年版。

[4] 杨君萍:《传统文化与人文素养》，吉林文史出版社 2017 年版。

[5] 翟均林:《传统文化与沟通交流》，东北师范大学出版社 2020 年版。

[6] 孙敬华:《中华传统文化读本》，重庆大学出版社 2020 年版。

[7] 张绪佑:《传统文化杂谈录》，江西美术出版社 2020 年版。

[8] 刘正刚:《历史文献与传统文化第 24 辑》，安徽师范大学出版社 2020 年版。

[9] 祝中侠、阳光宁:《大学生传统文化素养》，江苏凤凰美术出版社 2020 年版。

[10] 任继愈:《中国传统文化的光明前景》，上海教育出版社 2020 年版。

[11] 朱东安:《晚清政治与传统文化》，辽宁人民出版社2019年版。

[12] 张竟荣等:《中国传统文化概论》，国家行政学院出版社2019年版。

[13] 栾福志等:《中华传统文化教育》，北京理工大学出版社2019年版。

[14] 金开诚等:《传统文化六讲》，北京出版社2019年版。

[15] 张忠纲:《中华优秀传统文化》，山东文艺出版社2019年版。

[16] 汤一介:《中国传统文化的特质》，上海教育出版社2019年版。

[17] 王瑞文等:《中国传统文化概论》，北京工业大学出版社2019年版。

[18] 张义明等:《中国传统文化概论》，西北大学出版社2019年版。

[19] 周秉伟:《传统文化进校园》，江苏大学出版社2019年版。

[20] 袁荣高等:《中国传统文化教育》，电子科技大学出版社2019年版。

[21] 常彦:《中国传统文化导论》，陕西师范大学出版总社2018年版。

[22] 柳岳梅、龚敏:《红楼梦与中国传统文化》，上海财经大学出版社2018年版。

[23] 叶碧:《中国传统文化概论》，浙江大学出版社2017年版。

[24] 刘祯:《梅兰芳与传统文化》，中国戏剧出版社2018年版。

[25] 李宽松、罗香萍:《中国传统文化概论》，中山大学出版社2018年版。

[26] 王卫平:《中华优秀传统文化》，苏州大学出版社 2018 年版。

[27] 马怀立等:《中国传统文化》，天津人民出版社 2018 年版。

[28] 夏文杰:《中国传统文化与传统建筑》，北京工业大学出版社 2018 年版。

[29] 张晓蕾、张志烈:《传统文化经典读本唐诗》，四川辞书出版社 2018 年版。

[30] 向秀清:《中国传统文化与艺术欣赏》，重庆大学出版社 2018 年版。

责任编辑：茅友生
封面设计：王春峥

图书在版编目（CIP）数据

中华优秀传统文化融入大学生德育教育研究 / 王宇 著 . —
北京：人民出版社，2022.8
ISBN 978－7－01－024532－4

I. ①中… II. ①王… III. ①中华文化－关系－大学生－德育－研究－中国 IV. ① K203 ② G641

中国版本图书馆 CIP 数据核字（2022）第 021564 号

中华优秀传统文化融入大学生德育教育研究

ZHONGHUA YOUXIU CHUANTONG WENHUA RONGRU
DAXUESHENG DEYU JIAOYU YANJIU

王 宇 著

人民出版社 出版发行
（100706 北京市东城区隆福寺街 99 号）

北京中科印刷有限公司印刷 新华书店经销

2022 年 8 月第 1 版 2022 年 8 月北京第 1 次印刷
开本：710 毫米 ×1000 毫米 1/16 印张：17.25
字数：285 千字

ISBN 978－7－01－024532－4 定价：69.00 元

邮购地址 100706 北京市东城区隆福寺街 99 号
人民东方图书销售中心 电话（010）65250042 65289539